Now You're Fluent :
Spanish - English,
Volume 1, Lessons 1-120

Ahora sí hablas con fluidez :
Inglés - Español,
Volumen 1, Lecciones 1-120

Warren Feldman

Published by *Now You're Fluent, LLC*
www.nowyourefluent.com

Copyright © 2008 by Warren S. Feldman
All rights reserved.
Neither this book, nor any of the parts of this book, may be reproduced in any form without prior permission of the author.

Published by Now You're Fluent, LLC
1736 Willard Street NW, Suite 302
Washington DC 20009

www.nowyourefluent.com

ISBN-13 978-0-9822268-0-3
ISBN-10 0-9822268-0-2

LCCN - 2008940816

Cataloging data is available from the publisher.

This publication is sold to be used solely as an aid in foreign language vocabulary building. It is sold with the understanding that neither the author nor the publisher is engaged in the rendering of legal, accounting, business, or any other type of professional advice. If legal or other professional advice or assistance is required, the services of a competent professional person should be sought.

Some of the vocabulary items in this book may also be designations used by manufacturers and sellers to distinguish their product, and may be claimed as trademarks. Where such vocabulary items appear and where the publisher was aware of a trademark claim, the designations have been printed with initial capital letters.

Cover illustration by Andy Attiliis, www.andyattiliis.com.

Printed in Canada

VOLUME ONE	**VOLUMEN UNO**
Introduction: How to Benefit from This Program	Introducción: Cómo beneficiarse de este programa
Day 1 / Jan. 1: New Year's Resolutions	Día 1 / Enero 1: Resoluciones para el año nuevo
Day 2 / Jan. 2: Self-Discipline	Día 2 / Enero 2: Autodisciplina
Day 3 / Jan. 3: Things You Do in the Morning	Día 3 / Enero 3: Cosas que haces por la mañana
Day 4 / Jan. 4: Getting out the Door in the Morning	Día 4 / Enero 4: Saliendo de casa por la mañana
Day 5 / Jan. 5: The Miracle of Birth	Día 5 / Enero 5: El milagro del nacimiento
Day 6 / Jan. 6: Labor Pains	Día 6 / Enero 6: Contracciones
Day 7 / Jan. 7: The Newborn	Día 7 / Enero 7: El recién nacido
Day 8 / Jan. 8: Business Concept	Día 8 / Enero 8: Concepto de negocios
Day 9 / Jan. 9: Business Contacts	Día 9 / Enero 9: Contactos de negocios
Day 10 / Jan. 10: Limited Partnership	Día 10 / Enero 10: Sociedad en comandita limitada
Day 11 / Jan. 11: Business Plan	Día 11 / Enero 11: Plan de negocios
Day 12 / Jan. 12: Obtaining Capital	Día 12 / Enero 12: Obteniendo capital

Day 13 / Jan. 13 : A New Investor	Día 13 / Enero 13 : Una nueva inversora
Day 14 / Jan. 14 : Skin Creme	Día 14 / Enero 14 : Crema para la piel
Day 15 / Jan. 15 : Animal Testing	Día 15 / Enero 15 : Pruebas con animales
Day 16 / Jan. 16 : Not Feeling Well	Día 16 / Enero 16 : No sentirse bien
Day 17 / Jan. 17 : Taking Your Temperature	Día 17 / Enero 17 : Tomándote la temperatura
Day 18 / Jan. 18 : Just a Minor Ailment	Día 18 / Enero 18 : Tan sólo una leve enfermedad
Day 19 / Jan. 19 : Types of Government	Día 19 / Enero 19 : Clases de gobierno
Day 20 / Jan. 20 : Democracy	Día 20 / Enero 20 : Democracia
Day 21 / Jan. 21 : General Layout of the House	Día 21 / Enero 21 : Plano general de la casa
Day 22 / Jan. 22 : Ground Floor Versus Upper Floor	Día 22 / Enero 22 : Planta baja contra planta alta
Day 23 / Jan. 23 : Embassy	Día 23 / Enero 23 : Embajada
Day 24 / Jan. 24 : Cereal Box	Día 24 / Enero 24 : Caja de cereales
Day 25 / Jan. 25 : Eating Cereal	Día 25 / Enero 25 : Comiendo cereal
Day 26 / Jan. 26 : Opening a Bank Account	Día 26 / Enero 26 : Abriendo una cuenta bancaria

Day 27 / Jan. 27 : Minimum Balance	Día 27 / Enero 27 : Balance mínimo
Day 28 / Jan. 28 : Transferring Funds	Día 28 / Enero 28 : Traspaso de fondos
Day 29 / Jan. 29 : Withdrawing Cash	Día 29 / Enero 29 : Retirando dinero
Day 30 / Jan. 30 : Artist	Día 30 / Enero 30 : Artista
Day 31 / Jan. 31 : Painting	Día 31 / Enero 31 : Pintando
Day 32 / Feb. 1 : Your Commute to Work	Día 32 / Febrero 1 : Tu viaje diario al trabajo
Day 33 / Feb. 2 : Starting the Car	Día 33 / Febrero 2 : Arrancar el automóvil
Day 34 / Feb. 3 : Backing out of the Driveway	Día 34 / Febrero 3 : Saliendo marcha atrás de la entrada del garaje
Day 35 / Feb. 4 : Driving up the Street	Día 35 / Febrero 4 : Conduciendo calle arriba
Day 36 / Feb. 5 : Negotiating Your Way Through Traffic	Día 36 / Febrero 5 : Abriéndote paso por el tráfico
Day 37 / Feb. 6 : Parking Lot	Día 37 / Febrero 6 : Estacionamiento
Day 38 / Feb. 7 : Caring for an Infant	Día 38 / Febrero 7 : Cuidando a un bebé
Day 39 / Feb. 8 : Feeding the Baby	Día 39 / Febrero 8 : Alimentando al bebé
Day 40 / Feb. 9 : Baby Food	Día 40 / Febrero 9 : Comida de bebé

Day 41 / Feb. 10 : Nap Time	Día 41 / Febrero 10 : La hora de la siesta
Day 42 / Feb. 11 : Contractual Relationship	Día 42 / Febrero 11 : Relación contractual
Day 43 / Feb. 12 : Manufacturing / Distribution	Día 43 / Febrero 12 : Fabricación / Distribución
Day 44 / Feb. 13 : Advertising	Día 44 / Febrero 13 : Publicidad
Day 45 / Feb. 14 : Marketing	Día 45 / Febrero 14 : El mercadeo [La mercadotecnia]
Day 46 / Feb. 15 : Closely-Held Corporation	Día 46 / Febrero 15 : Compañía cerrada
Day 47 / Feb. 16 : Shares Outstanding / Assembly Kit	Día 47 / Febrero 16 : Acciones en circulacíon / Juego de piezas para armar
Day 48 / Feb. 17 : Casual Versus Business Attire	Día 48 / Febrero 17 : Ropa informal contra atuendo de oficina
Day 49 / Feb. 18 : Getting Dressed	Día 49 / Febrero 18 : Vistiéndose
Day 50 / Feb. 19 : Pants and Shirt	Día 50 / Febrero 19 : Pantalones y camisas
Day 51 / Feb. 20 : Yard	Día 51 / Febrero 20 : Jardín
Day 52 / Feb. 21 : Neighbors	Día 52 / Febrero 21 : Vecinos

Day 53 / Feb. 22 : Losing Your Keys	Día 53 / Febrero 22 : Cuando pierdes las llaves
Day 54 / Feb. 23 : Garage Door	Día 54 / Febrero 23 : La puerta del garaje
Day 55 / Feb. 24 : Making Instant Coffee	Día 55 / Febrero 24 : Haciendo café instantáneo
Day 56 / Feb. 25 : Adding Some Cream	Día 56 / Febrero 25 : Añadiendo un poco de crema
Day 57 / Feb. 26 : Adding Some Sugar	Día 57 / Febrero 26 : Añadiendo azúcar
Day 58 / Feb. 27 : Canceled Plans	Día 58 / Febrero 27 : Planes cancelados
Day 59 / Feb. 28 : Unreliable Friend	Día 59 / Febrero 28 : Amigo poco fiable
Day 60 / Mar. 1 : Finding the Metro Station	Día 60 / Marzo 1 : Encontrando la estación de metro
Day 61 / Mar. 2 : Purchasing a Ticket on the Metro	Día 61 / Marzo 2 : Comprando un billete en el metro
Day 62 / Mar. 3 : Going Through the Turnstile	Día 62 / Marzo 3 : Pasando por el torniquete
Day 63 / Mar. 4 : On the Platform	Día 63 / Marzo 4 : En el andén
Day 64 / Mar. 5 : A Bully on the Playground	Día 64 / Marzo 5 : Un peleón en el patio de recreo
Day 65 / Mar. 6 : Going Public	Día 65 / Marzo 6 : Cotizando en la bolsa

Day 66 / Mar. 7: Cutting Corners	Día 66 / Marzo 7 : Reduciendo gastos
Day 67 / Mar. 8 : Going out of Business	Día 67 / Marzo 8 : En quiebra
Day 68 / Mar. 9 : Tying Your Tie	Día 68 / Marzo 9 : Atándote la corbata
Day 69 / Mar. 10 : Ready to Head out the Door	Día 69 / Marzo 10 : Listo para salir
Day 70 / Mar. 11 : Revolutionary War	Día 70 / Marzo 11 : Guerra revolucionaria
Day 71 / Mar. 12 : Declaration of Independence	Día 71 / Marzo 12 : Declaración de la independencia
Day 72 / Mar. 13 : Dinner Party	Día 72 / Marzo 13 : Cena
Day 73 / Mar. 14 : Expandable Dinner Table	Día 73 / Marzo 14 : Mesa de comedor extensible
Day 74 / Mar. 15 : Tablecloth	Día 74 / Marzo 15 : Mantel
Day 75 / Mar. 16 : Uninvited House Guest	Día 75 / Marzo 16 : Huésped inesperado
Day 76 / Mar. 17 : Preparing for Having Company	Día 76 / Marzo 17 : Preparándose para tener compañía
Day 77 / Mar. 18 : Showing Your Guest Around	Día 77 / Marzo 18 : Familiarizando a tu huésped
Day 78 / Mar. 19 : Going to the Gym	Día 78 / Marzo 19 : Yendo al gimnasio

Day 79 / Mar. 20 : Bookstore	Día 79 / Marzo 20 : Librería
Day 80 / Mar. 21 : A Good Book	Día 80 / Marzo 21 : Un libro excelente
Day 81 / Mar. 22 : How Do You Like Your Eggs?	Día 81 / Marzo 22 : ¿Cómo te gustan los huevos?
Day 82 / Mar. 23 : Boiling the Egg	Día 82 / Marzo 23 : Cocinando el huevo
Day 83 / Mar. 24 : Peeling the Egg	Día 83 / Marzo 24 : Pelando el huevo
Day 84 / Mar. 25 : Exceeding the Speed Limit	Día 84 / Marzo 25 : Excediendo el límite de velocidad
Day 85 / Mar. 26 : Your Car Is Stopped	Día 85 / Marzo 26 : Tu coche es detenido
Day 86 / Mar. 27 : Getting a Ticket	Día 86 / Marzo 27 : Recibiendo una multa
Day 87 / Mar. 28 : Popular Music	Día 87 / Marzo 28 : Música popular
Day 88 / Mar. 29 : Dee-Jay	Día 88 / Marzo 29 : Disc-jockey
Day 89 / Mar. 30 : Pop Star	Día 89 / Marzo 30 : Estrella pop
Day 90 / Mar. 31 : A Little Mishap in the Bathroom	Día 90 / Marzo 31 : Un pequeño contratiempo en el baño
Day 91 / Apr. 1 : Income Tax Withholding	Día 91 / Abril 1 : Retención fiscal a cuenta
Day 92 / Apr. 2 : Paying Your Taxes	Día 92 / Abril 2 : Pagando tus impuestos

Day 93 / Apr. 3 : Filling out Your Return	Día 93 / Abril 3 : Haciendo tu declaración
Day 94 / Apr. 4 : A Young Achiever	Día 94 / Abril 4 : Un joven triunfador
Day 95 / Apr. 5 : High School	Día 95 / Abril 5 : Secundaria
Day 96 / Apr. 6 : School Play	Día 96 / Abril 6 : Obra teatral del colegio
Day 97 / Apr. 7 : College and Career	Día 97 / Abril 7 : Universidad y carrera
Day 98 / Apr. 8 : Money Doesn't Buy Happiness	Día 98 / Abril 8 : El dinero no compra la felicidad
Day 99 / Apr. 9 : Vocational Training	Día 99 / Abril 9 : Capacitación vocacional
Day 100 / Apr. 10 : Being Your Own Boss	Día 100 / Abril 10 : Ser tu propio jefe
Day 101 / Apr. 11 : Television	Día 101 / Abril 11 : Televisión
Day 102 / Apr. 12 : Office Supplies	Día 102 / Abril 12 : Materiales [Artículos] de oficina
Day 103 / Apr. 13 : Organizing Files	Día 103 / Abril 13 : Organizando archivos
Day 104 / Apr. 14 : Making Breakfast	Día 104 / Abril 14 : Preparando el desayuno
Day 105 / Apr. 15 : At the Breakfast Table	Día 105 / Abril 15 : En la mesa para desayunar
Day 106 / Apr. 16 : Spilt Milk	Día 106 / Abril 16 : Leche derramada

Day 107 / Apr. 17 : Geography	Día 107 / Abril 17 : Geografía
Day 108 / Apr. 18 : Car Accident	Día 108 / Abril 18 : Accidente automovilístico
Day 109 / Apr. 19 : Carry-Out Pizza	Día 109 / Abril 19 : Pizza para llevar
Day 110 / Apr. 20 : Signs	Día 110 / Abril 20 : Señales
Day 111 / Apr. 21 : Fine China	Día 111 / Abril 21 : Porcelana china
Day 112 / Apr. 22 : The Nice Glasses	Día 112 / Abril 22 : Cristalería
Day 113 / Apr. 23 : Helping Out	Día 113 / Abril 23 : Echar una mano
Day 114 / Apr. 24 : Setting the Table	Día 114 / Abril 24 : Poner la mesa
Day 115 / Apr. 25 : Pollution	Día 115 / Abril 25 : Contaminación
Day 116 / Apr. 26 : Bad Air Quality	Día 116 / Abril 26 : Aire de mala calidad
Day 117 / Apr. 27 : Environmental Damage	Día 117 / Abril 27 : Deterioro del medio ambiente
Day 118 / Apr. 28 : Getting Rid of Old Stuff	Día 118 / Abril 28 : Deshacerse de cosas viejas
Day 119 / Apr. 29 : Attic	Día 119 / Abril 29 : Ático
Day 120 / Apr. 30 : International Sales Transaction	Día 120 / Abril 30 : Transacción internacional de ventas

VOLUME TWO	**VOLUMEN DOS**
Day 121 / May 1 : Spare Alarm Clock	Día 121 / Mayo 1 : Un despertador de más
Day 122 / May 2 : Trying to Waking Up	Día 122 / Mayo 2 : Tratando de despertarse
Day 123 / May 3 : Hands of the Alarm Clock	Día 123 / Mayo 3 : Las manecillas del despertador
Day 124 / May 4 : Setting the Alarm Clock	Día 124 / Mayo 4 : Progamando el despertador
Day 125 / May 5 : A Boring Class	Día 125 / Mayo 5 : Una clase aburrida
Day 126 / May 6 : A Boring Textbook	Día 126 / Mayo 6 : Un libro de texto aburrido
Day 127 / May 7 : Too Much to Read	Día 127 / Mayo 7 : Demasiado para leer
Day 128 / May 8 : Financial Crisis	Día 128 / Mayo 8 : Crisis económica
Day 129 / May 9 : Getting the Kids Ready for School	Día 129 / Mayo 9 : Preparando a los niños para la escuela
Day 130 / May 10 : Walking to the Bus Stop	Día 130 / Mayo 10 : Caminando hacia la parada de autobús
Day 131 / May 11 : The Constitution	Día 131 / Mayo 11 : La Constitución
Day 132 / May 12 : Buying Clothes	Día 132 / Mayo 12 : Comprando ropa
Day 133 / May 13 : Driveway	Día 133 / Mayo 13 : El camino de entrada al garaje

Day 134 / May 14 : Front Porch	Día 134 / Mayo 14 : El porche delantero
Day 135 / May 15 : Making an Omelet	Día 135 / Mayo 15 : Preparando una tortilla francesa
Day 136 / May 16 : Melting the Butter	Día 136 / Mayo 16 : Derritiendo la mantequilla
Day 137 / May 17 : Chopping the Ingredients	Día 137 / Mayo 17 : Picando los ingredientes
Day 138 / May 18 : Beating the Eggs	Día 138 / Mayo 18 : Batiendo los huevos
Day 139 / May 19 : Making Flight Arrangements	Día 139 / Mayo 19 : Haciendo planes de vuelo
Day 140 / May 20 : Toll-Free Reservations Number	Día 140 / Mayo 20 : Número gratis para hacer reservas
Day 141 / May 21 : Frequent Flyer Miles	Día 141 / Mayo 21 : Puntos para viajeros frecuentes
Day 142 / May 22 : Waiting in Line	Día 142 / Mayo 22 : Haciendo cola
Day 143 / May 23 : Incorrect Ticket	Día 143 / Mayo 23 : El pasaje erróneo
Day 144 / May 24 : Revising a Document	Día 144 / Mayo 24 : Revisando un documento
Day 145 / May 25 : Word Processing	Día 145 / Mayo 25 : Procesamiento de textos
Day 146 / May 26 : Staying in Shape	Día 146 / Mayo 26 : Manteniéndose en forma

Day 147 / May 27 : Jogging	Día 147 / Mayo 27 : Footing
Day 148 / May 28 : Knee Injury	Día 148 / Mayo 28 : Lesión de la rodilla
Day 149 / May 29 : Meeting for the First Time	Día 149 / Mayo 29 : Conociéndose por primera vez
Day 150 / May 30 : Making the First Move	Día 150 / Mayo 30 : Dando el primer paso
Day 151 / May 31 : Small Talk	Día 151 / Mayo 31 : Charla
Day 152 / June 1 : Muggy Weather	Día 152 / Junio 1 : Tiempo bochornoso
Day 153 / June 2 : Mowing the Lawn	Día 153 / Junio 2 : Cortando el césped
Day 154 / June 3 : Dog Poop	Día 154 / Junio 3 : Caca de perro
Day 155 / June 4 : Bagging the Cut Grass	Día 155 / Junio 4 : Guardando el césped cortado en una bolsa
Day 156 / June 5 : Asking Someone out on a Date	Día 156 / Junio 5 : Pidiendo a alguien una cita
Day 157 / June 6 : Getting Ready for the Date	Día 157 / Junio 6 : Preparándose para la cita
Day 158 / June 7 : Going Steady	Día 158 / Junio 7 : Noviazgo
Day 159 / June 8 : Breaking Up	Día 159 / Junio 8 : La ruptura de la relación
Day 160 / June 9 : Farming	Día 160 / Junio 9 : Agricultura

Day 161 / June 10 : Crops	Día 161 / Junio 10 : Los cultivos
Day 162 / June 11 : Livestock	Día 162 / Junio 11 : El ganado
Day 163 / June 12 : Constitutional Rights	Día 163 / Junio 12 : Los derechos constitucionales
Day 164 / June 13 : Basic Freedoms	Día 164 / Junio 13 : Las libertades básicas
Day 165 / June 14 : More Rights	Día 165 / Junio 14 : Más derechos
Day 166 / June 15 : The Perfect Lawn	Día 166 / Junio 15 : El césped perfecto
Day 167 / June 16 : Excitement	Día 167 / Junio 16 : El entusiasmo
Day 168 / June 17 : Junk Mail / Credit Cards	Día 168 / Junio 17 : Correo basura / Tarjetas de crédito
Day 169 / June 18 : Interest Rate / Finance Charge	Día 169 / Junio 18 : Tasa de interés / Recargo (de demora)
Day 170 / June 19 : Small Grocer / Big Supermarket	Día 170 / Junio 19 : Tienda de comestibles / Gran supermercado
Day 171 / June 20 : Big Supermarket	Día 171 / Junio 20 : Gran supermercado
Day 172 / June 21 : Quality Versus Price	Día 172 / Junio 21 : Calidad contra precio
Day 173 / June 22 : Checkout Line	Día 173 / Junio 22 : Pasando por la caja

Day 174 / June 23 : Unloading What You Bought	Día 174 / Junio 23 : Descargando las compras
Day 175 / June 24 : The Day of the Flight	Día 175 / Junio 24 : El día del vuelo
Day 176 / June 25 : At the Check-In Counter	Día 176 / Junio 25 : En el mostrador de preembarque
Day 177 / June 26 : Baggage	Día 177 / Junio 26 : Equipaje
Day 178 / June 27 : Carry-On Piece	Día 178 / Junio 27 : Equipaje de mano
Day 179 / June 28 : Boarding Pass	Día 179 / Junio 28 : Tarjeta de embarque
Day 180 / June 29 : Seating Upgrade	Día 180 / Junio 29 : Reasignando a un asiento en clase superior
Day 181 / June 30 : Security Check	Día 181 / Junio 30 : Control de seguridad
Day 182 / July 1 : Preparing Freshly Brewed Coffee	Día 182 / Julio 1 : Preparando café recién hecho
Day 183 / July 2 : Paper Filter	Día 183 / Julio 2 : Filtro de papel (para cafetera)
Day 184 / July 3 : Plugging in the Appliance	Día 184 / Julio 3 : Enchufando el electrodoméstico
Day 185 / July 4 : Fourth of July	Día 185 / Julio 4 : El cuatro de julio
Day 186 / July 5 : Summer Vacation	Día 186 / Julio 5 : Vacaciones de verano

Day 187 / July 6 : Pet Cat	Día 187 / Julio 6 : Un gato doméstico
Day 188 / July 7 : Kennel	Día 188 / Julio 7 : La residencia de animales
Day 189 / July 8 : On the Road	Día 189 / Julio 8 : En camino
Day 190 / July 9 : Arcade	Día 190 / Julio 9 : Galería de juegos
Day 191 / July 10 : Junk Food	Día 191 / Julio 10 : Alimentos basura
Day 192 / July 11 : The Bathroom Cabinet	Día 192 / Julio 11 : El botiquín del baño
Day 193 / July 12 : Plumbing System	Día 193 / Julio 12 : La fontanería
Day 194 / July 13 : Engagement	Día 194 / Julio 13 : Compromiso matrimonial
Day 195 / July 14 : Second Thoughts	Día 195 / Julio 14 : Pensándolo bien
Day 196 / July 15 : Wedding Rehearsal	Día 196 / Julio 15 : Ensayo de boda
Day 197 / July 16 : Wedding Ceremony	Día 197 / Julio 16 : Ceremonia de boda
Day 198 / July 17 : Scientist	Día 198 / Julio 17 : Científico
Day 199 / July 18 : Experiment	Día 199 / Julio 18 : Experimento
Day 200 / July 19 : Clothing Measurements	Día 200 / Julio 19 : Toma de medidas de ropa
Day 201 / July 20 : Diving	Día 201 / Julio 20 : Zambulléndose

Day 202 / July 21 : Swimming	Día 202 / Julio 21 : La natación
Day 203 / July 22 : Sightseeing	Día 203 / Julio 22 : Visitando lugares (de interés)
Day 204 / July 23 : Solar System / Outer Space	Día 204 / Julio 23 : El sistema solar / El espacio sideral
Day 205 / July 24 : Eating at a Restaurant	Día 205 / Julio 24 : Comiendo en un restaurante
Day 206 / July 25 : Being Seated	Día 206 / Julio 25 : Tomando asiento
Day 207 / July 26 : Deciding What to Order	Día 207 / Julio 26 : Decidiendo qué pedir
Day 208 / July 27 : The Portions	Día 208 / Julio 27 : Las porciones
Day 209 / July 28 : Computer	Día 209 / Julio 28 : La computadora
Day 210 / July 29 : Saving a Document	Día 210 / Julio 29 : Guardando un documento
Day 211 / July 30 : Internet	Día 211 / Julio 30 : La Internet
Day 212 / July 31 : E-Mail	Día 212 / Julio 31 : El correo electrónico
Day 213 / Aug. 1 : Contact Lenses	Día 213 / Agosto 1 : Lentes de contacto
Day 214 / Aug. 2 : On the Beach	Día 214 / Agosto 2 : En la playa

Day 215 / Aug. 3 : In the Water	Día 215 / Agosto 3 : En el agua
Day 216 / Aug. 4 : Sun Screen	Día 216 / Agosto 4 : Protector solar
Day 217 / Aug. 5 : Sunburn	Día 217 / Agosto 5 : Quemadura de sol
Day 218 / Aug. 6 : Boardwalk	Día 218 / Agosto 6 : Paseo marítimo entarimado
Day 219 / Aug. 7 : Dental Hygiene	Día 219 / Agosto 7 : Higiene dental
Day 220 / Aug. 8 : Flossing Your Teeth	Día 220 / Agosto 8 : Limpiarte los dientes con hilo dental
Day 221 / Aug. 9 : Mouthwash	Día 221 / Agosto 9 : Enjuague bucal
Day 222 / Aug. 10 : Gargling	Día 222 / Agosto 10 : Haciendo gárgaras
Day 223 / Aug. 11 : Brushing Your Teeth	Día 223 / Agosto 11 : Lavandote los dientes
Day 224 / Aug. 12 : Marital Problems	Día 224 / Agosto 12 : Problemas conyugales
Day 225 / Aug. 13 : Abusive Behavior	Día 225 / Agosto 13 : Comportamiento abusivo
Day 226 / Aug. 14 : Evidence of Infidelity	Día 226 / Agosto 14 : Indicios de infidelidad
Day 227 / Aug. 15 : Filing for Divorce	Día 227 / Agosto 15 : Presentando una demanda de divorcio
Day 228 / Aug. 16 : The Judge's Decision	Día 228 / Agosto 16 : La decisión del juez

Day 229 / Aug. 17 : Front Door	Día 229 / Agosto 17 : La puerta de entrada
Day 230 / Aug. 18 : Security System / Left-Overs	Día 230 / Agosto 18 : Sistema de seguridad / Sobras
Day 231 / Aug. 19 : Departure Terminal	Día 231 / Agosto 19 : Terminal de embarque
Day 232 / Aug. 20 : Boarding the Plane	Día 232 / Agosto 20 : Embarcando en el avión
Day 233 / Aug. 21 : Safety Instructions	Día 233 / Agosto 21 : Instrucciones de seguridad
Day 234 / Aug. 22 : Takeoff	Día 234 / Agosto 22 : Despegue
Day 235 / Aug. 23 : In-Flight Meal	Día 235 / Agosto 23 : Comida de a bordo
Day 236 / Aug. 24 : Plant	Día 236 / Agosto 24 : Planta
Day 237 / Aug. 25 : Transplant	Día 237 / Agosto 25 : Trasplante
Day 238 / Aug. 26 : Newspaper	Día 238 / Agosto 26 : Periódico
Day 239 / Aug. 27 : Haircut	Día 239 / Agosto 27 : Corte de pelo
Day 240 / Aug. 28 : Toilet	Día 240 / Agosto 28 : El inodoro
Day 241 / Aug. 29 : Toilet (cont.) / Changing Money	Día 241 / Agosto 29 : El inodoro / Cambiando dinero
Day 242 / Aug. 30 : Penitentiary	Día 242 / Agosto 30 : La penitenciaría
Day 243 / Aug. 31 : Inmates	Día 243 / Agosto 31 : Los internos

VOLUME THREE	**VOLUMEN TRES**
Day 244 / Sept. 1 : Overeating	Día 244 / Septiembre 1 : Comiendo en exceso
Day 245 / Sept. 2 : Upset Stomach	Día 245 / Septiembre 2 : Dolor de estómago
Day 246 / Sept. 3 : Food Poisoning / Ulcer	Día 246 / Septiembre 3 : Intoxicación alimenticia / Úlcera
Day 247 / Sept. 4 : Unemployment	Día 247 / Septiembre 4 : Desempleo
Day 248 / Sept. 5 : Redoing Your Resume	Día 248 / Septiembre 5 : Editando tu currículo
Day 249 / Sept. 6 : Contents of Your Resume	Día 249 / Septiembre 6 : Contenidos de tu currículo
Day 250 / Sept. 7 : Personnel Manager	Día 250 / Septiembre 7 : Jefa de personal
Day 251 / Sept. 8 : Job Search	Día 251 / Septiembre 8 : Buscando empleo
Day 252 / Sept. 9 : Bathtub	Día 252 / Septiembre 9 : La bañera
Day 253 / Sept. 10 : Adjusting the Water	Día 253 / Septiembre 10 : Ajustando el agua
Day 254 / Sept. 11 : Taking a Shower	Día 254 / Septiembre 11 : Duchándose
Day 255 / Sept. 12 : Scrubbing Your Body	Día 255 / Septiembre 12 : Restregándose el cuerpo
Day 256 / Sept. 13 : Drying Your Body	Día 256 / Septiembre 13 : Secándose el cuerpo

Day 257 / Sept. 14 : How a Law Is Enacted	Día 257 / Septiembre 14 : Cómo se promulga una ley
Day 258 / Sept. 15 : Legislation (cont.) / Crime	Día 258 / Septiembre 15 : Legislación (cont.) / Crimen
Day 259 / Sept. 16 : Front Hallway	Día 259 / Septiembre 16 : Vestíbulo
Day 260 / Sept. 17 : Living Room	Día 260 / Septiembre 17 : La sala de estar
Day 261 / Sept. 18 : ATM Card	Día 261 / Septiembre 18 : Tarjeta para cajero automático
Day 262 / Sept. 19 : ATM Machine	Día 262 / Septiembre 19 : Cajero automático
Day 263 / Sept. 20 : Soccer Match	Día 263 / Septiembre 20 : Partido de fútbol
Day 264 / Sept. 21 : Soccer Match (cont.) / Dry Cleaning	Día 264 / Septiembre 21 : Partido de fútbol / La limpieza en seco
Day 265 / Sept. 22 : Annual Check-Up	Día 265 / Septiembre 22 : Revisión médica anual
Day 266 / Sept. 23 : Helicopter	Día 266 / Septiembre 23 : Helicóptero
Day 267 / Sept. 24 : Landing Pad	Día 267 / Septiembre 24 : Plataforma de aterrizaje
Day 268 / Sept. 25 : Sales Manager	Día 268 / Septiembre 25 : Gerente de ventas
Day 269 / Sept. 26 : Renting an Apartment	Día 269 / Septiembre 26 : Alquilando un apartamento

Day 270 / Sept. 27 : Terms of the Lease	Día 270 / Septiembre 27 : Condiciones del contrato de arrendamiento
Day 271 / Sept. 28 : Dysfunctional Office	Día 271 / Septiembre 28 : Una oficina disfuncional
Day 272 / Sept. 29 : Lack of Cooperation	Día 272 / Septiembre 29 : Falta de cooperación
Day 273 / Sept. 30 : Dentist	Día 273 / Septiembre 30 : El dentista
Day 274 / Oct. 1 : You're Being Followed	Día 274 / Octubre 1 : Te están siguiendo
Day 275 / Oct. 2 : Giving Directions	Día 275 / Octubre 2 : Dando indicaciones
Day 276 / Oct. 3 : How to Get There	Día 276 / Octubre 3 : Cómo llegar allá
Day 277 / Oct. 4 : Surgery	Día 277 / Octubre 4 : Intervención quirúrgica
Day 278 / Oct. 5 : Having a Prescription Filled / Death	Día 278 / Octubre 5 : Recibiendo el medicamento de la farmacia / Fallecimiento
Day 279 / Oct. 6 : Job Interview	Día 279 / Octubre 6 : Entrevista de empleo
Day 280 / Oct. 7 : Job Offer	Día 280 / Octubre 7 : Oferta de empleo
Day 281 / Oct. 8 : Union Organizer	Día 281 / Octubre 8 : Organizador del sindicato
Day 282 / Oct. 9 : Hardworking Immigrants	Día 282 / Octubre 9 : Inmigrantes muy trabajadores
Day 283 / Oct. 10 : Strike	Día 283 / Octubre 10 : Huelga

Day 284 / Oct. 11 : Picketing	Día 284 / Octubre 11 : Piquete
Day 285 / Oct. 12 : Appetizers	Día 285 / Octubre 12 : Aperitivos
Day 286 / Oct. 13 : Dinner Is Served	Día 286 / Octubre 13 : La cena está servida
Day 287 / Oct. 14 : The Main Course	Día 287 / Octubre 14 : El plato principal
Day 288 / Oct. 15 : Eating Until You Are Full	Día 288 / Octubre 15 : Comer hasta saciarse
Day 289 / Oct. 16 : Firewood	Día 289 / Octubre 16 : Leña para el fuego
Day 290 / Oct. 17 : Fireplace	Día 290 / Octubre 17 : La chimenea
Day 291 / Oct. 18 : Musician	Día 291 / Octubre 18 : El músico
Day 292 / Oct. 19 : Musical instrument	Día 292 / Octubre 19 : El instrumento musical
Day 293 / Oct. 20 : Orchestra	Día 293 / Octubre 20 : La orquesta
Day 294 / Oct. 21 : Performance	Día 294 / Octubre 21 : La interpretación
Day 295 / Oct. 22 : Civil Lawsuit	Día 295 / Octubre 22 : Litigio civil
Day 296 / Oct. 23 : Evidence	Día 296 / Octubre 23 : Las pruebas
Day 297 / Oct. 24 : Trial	Día 297 / Octubre 24 : El juicio (oral)
Day 298 / Oct. 25 : Basement	Día 298 / Octubre 25 : El sótano

Day 299 / Oct. 26 : Making Toast	Día 299 / Octubre 26 : Preparar tostadas
Day 300 / Oct. 27 : Making Toast / Archeology	Día 300 / Octubre 27 : Preparar tostadas / Arqueología
Day 301 / Oct. 28 : Doing Chores	Día 301 / Octubre 28 : Haciendo las tareas
Day 302 / Oct. 29 : Housecleaning	Día 302 / Octubre 29 : Limpieza de la casa
Day 303 / Oct. 30 : Dusting	Día 303 / Octubre 30 : Limpiar el polvo
Day 304 / Oct. 31 : Parking	Día 304 / Octubre 31 : Estacionando
Day 305 / Nov. 1 : Political Parties	Día 305 / Noviembre 1 : Partidos políticos
Day 306 / Nov. 2 : Primaries	Día 306 / Noviembre 2 : Elecciones primarias
Day 307 / Nov. 3 : Going to the Polls	Día 307 / Noviembre 3 : Acudir a las urnas
Day 308 / Nov. 4 : Election Night	Día 308 / Noviembre 4 : La noche de las elecciones
Day 309 / Nov. 5 : Presidential Inauguration	Día 309 / Noviembre 5 : Investidura presidencial
Day 310 / Nov. 6 : Electric Razor	Día 310 / Noviembre 6 : Rasuradora eléctrica
Day 311 / Nov. 7 : Shaving with a Manual Razor	Día 311 / Noviembre 7 : Afeitándose con una navaja de afeitar
Day 312 / Nov. 8 : Shaving Creme	Día 312 / Noviembre 8 : Espuma de afeitar

Day 313 / Nov. 9 : You Nick Yourself	Día 313 / Noviembre 9 : Te haces un corte
Day 314 / Nov. 10 : Obituary	Día 314 / Noviembre 10 : Notas necrológicas
Day 315 / Nov. 11 : Funeral Procession	Día 315 / Noviembre 11 : Cortejo fúnebre
Day 316 / Nov. 12 : Burial	Día 316 / Noviembre 12 : Entierro
Day 317 / Nov. 13 : An Appointment	Día 317 / Noviembre 13 : Una cita de negocio
Day 318 / Nov. 14 : Entering the Building	Día 318 / Noviembre 14 : Entrando al edificio
Day 319 / Nov. 15 : Elevator / Reception	Día 319 / Noviembre 15 : Ascensor / Recepción
Day 320 / Nov. 16 : Incoming Phone Call	Día 320 / Noviembre 16 : Llamada telefónica externa
Day 321 / Nov. 17 : Volcano	Día 321 / Noviembre 17 : Volcán
Day 322 / Nov. 18 : Natural Disaster	Día 322 / Noviembre 18 : Desastre natural
Day 323 / Nov. 19 : Superstition	Día 323 / Noviembre 19 : Superstición
Day 324 / Nov. 20 : Messenger Service	Día 324 / Noviembre 20 : La mensajería
Day 325 / Nov. 21 : Giving Credit Where It Is Due	Día 325 / Noviembre 21 : Reconocimiento por mérito
Day 326 / Nov. 22 : Trash Collection	Día 326 / Noviembre 22 : Recolección de residuos
Day 327 / Nov. 23 : Recycling	Día 327 / Noviembre 23 : Reciclaje

Day 328 / Nov. 24 : Buying a House	Día 328 / Noviembre 24 : Comprando una casa
Day 329 / Nov. 25 : The Conditional	Día 329 / Noviembre 25 : El condicional
Day 330 / Nov. 26 : Authorization to Attend a Seminar	Día 330 / Noviembre 26 : Recibiendo autorización para asistir a un seminario
Day 331 / Nov. 27 : Shortly Before the Seminar Begins	Día 331 / Noviembre 27 : Poco antes del comienzo del seminario
Day 332 / Nov. 28 : Morning Session / Lunch Break	Día 332 / Noviembre 28 : Sesión de la mañana / Descanso para almorzar
Day 333 / Nov. 29 : Afternoon Session	Día 333 / Noviembre 29 : Sesión de la tarde
Day 334 / Nov. 30 : Difficult Topics / Feedback	Día 334 / Noviembre 30 : Temas difíciles / Reacciones
Day 335 / Dec. 1 : Fixing Your Hair	Día 335 / Diciembre 1 : Arreglándote el pelo
Day 336 / Dec. 2 : The Greasy Look	Día 336 / Diciembre 2 : Imagen engominada
Day 337 / Dec. 3 : The Will	Día 337 / Diciembre 3 : Testamento
Day 338 / Dec. 4 : Inheritance	Día 338 / Diciembre 4 : Herencia
Day 339 / Dec. 5 : The Cold War	Día 339 / Diciembre 5 : La guerra fría
Day 340 / Dec. 6 : Ethnic Tensions	Día 340 / Diciembre 6 : Tensiones étnicas

Day 341 / Dec. 7 : War Breaks Out	Día 341 / Diciembre 7 : La guerra estalla
Day 342 / Dec. 8 : Civilian Casualties	Día 342 / Diciembre 8 : Bajas entre la población civil
Day 343 / Dec. 9 : Staircase	Día 343 / Diciembre 9 : La escalera
Day 344 / Dec. 10 : Falling Down the Stairs	Día 344 / Diciembre 10 : Cayéndose por la escalera
Day 345 / Dec. 11 : Going to the Movies	Día 345 / Diciembre 11 : Ir al cine
Day 346 / Dec. 12 : What's Playing	Día 346 / Diciembre 12 : Lo que está en cartelera
Day 347 / Dec. 13 : A Really Long Line	Día 347 / Diciembre 13 : Una cola muy larga
Day 348 / Dec. 14 : The Show Begins	Día 348 / Diciembre 14 : Comienza la película
Day 349 / Dec. 15 : The Plot Line	Día 349 / Diciembre 15 : El argumento
Day 350 / Dec. 16 : The Plot Thickens	Día 350 / Diciembre 16 : El argumento se complica
Day 351 / Dec. 17 : The Ending	Día 351 / Diciembre 17 : El final
Day 352 / Dec. 18 : Personal Finance	Día 352 / Diciembre 18 : Finanzas personales
Day 353 / Dec. 19 : Investment Options	Día 353 / Diciembre 19 : Opciones de inversión
Day 354 / Dec. 20 : Market Fluctuations	Día 354 / Diciembre 20 : Fluctuaciones del mercado

Day 355 / Dec. 21 : Homeless	Día 355 / Diciembre 21 : Sin hogar
Day 356 / Dec. 22 : Feeling Guilty	Día 356 / Diciembre 22 : Sentirse culpable
Day 357 / Dec. 23 : A Small Act of Kindness	Día 357 / Diciembre 23 : Un pequeño acto de bondad
Day 358 / Dec. 24 : A Momentary Respite	Día 358 / Diciembre 24 : Un alivio momentáneo
Day 359 / Dec. 25 : Ice Storm	Día 359 / Diciembre 25 : Tormenta de hielo
Day 360 / Dec. 26 : Dangerous Weather Conditions	Día 360 / Diciembre 26 : Condiciones del tiempo peligrosas
Day 361 / Dec. 27 : Power Outage	Día 361 / Diciembre 27 : Apagón eléctrico
Day 362 / Dec. 28 : Scanner	Día 362 / Diciembre 28 : Escáner
Day 363 / Dec. 29 : Doing the Laundry	Día 363 / Diciembre 29 : Haciendo la colada
Day 364 / Dec. 30 : Getting Ready for New Year's Eve	Día 364 / Diciembre 30 : Preparándose para la Nochevieja
Day 365 / Dec. 31 : New Year's Eve Party	Día 365 / Diciembre 31 : Fiesta de fin de año

Introducción :
Cómo beneficiarse de este programa

1. Nuestra primera meta es brindarte **más conocimiento** del **que obtendrías de un profesor particular.**
2. Nuestra segunda meta es hacerlo por una **fracción del coste** de clases particulares.
3. Nuestra tercera meta es que todo el curso **quepa en el bolsillo de un abrigo o en un bolso** [una cartera] y que sea **fácil y divertido.**
4. Este volumen **ligero** que tienes en tus manos abarca cuatro meses de lecciones, que contienen alrededor de **1.000 palabras y frases de nivel avanzado** que tú probablemente desconoces – ¡**3.000 por año!**
5. Es **muy compacto,** por lo tanto **no tienes que andar cargando** un libro (de texto) y un diccionario.
6. El curso completo cubre casi **todas las situaciones imaginables de la vida real.**

❏ ❏ ❏ ❏ ❏ ❏

Introduction :
How to Benefit from This Program

1. Our first goal is to give you **more knowledge** **than you would get from a private tutor.**
2. Our second goal is to do this at a **fraction of the cost** of tutoring.
3. Our third goal is for the entire course to **fit into a coat pocket** **or a handbag** and to be **easy and fun.**
4. The **lightweight** volume now in your hand has four months of lessons, containing about **1,000 advanced-level words and phrases** you probably don't know – that's **3,000 per year!**
5. It's **incredibly compact,** so you **don't have to carry around** a textbook and a dictionary.
6. The full course covers just about **every real-life situation imaginable.**

❑ ❑ ❑ ❑ ❑ ❑

7 Cada mañana, sólo tienes que dirigirte a la lección correspondiente **al día del calendario que sea.**

8 **No te preocupes** si no has hecho la lección del día anterior.

9 **Para cada día del calendario** encontrarás seis o siete frases de texto en *El Idioma Que Estás Aprendiendo.*

10 Al **dorso de la página** encontrarás **el mismo texto** en *Tu Idioma.*

11 **En algún momento del día** – **cuando tengas unos minutos** – **tan sólo lee la lección** en ambos idiomas.

12 **No hay excusa** para no memorizar una oración al menos cada día.

❏ ❏ ❏ ❏ ❏ ❏

7. Each morning, just go to the lesson for **whatever the calendar date is.**
8. **Don't worry** if you haven't done the lesson for the previous day.
9. **For each calendar day** you will find six or seven sentences of text in the *Target Language.*
10. On the **flip-side of the page** you will find **the same text** in *Your Language.*
11. **Sometime during the day** – **when you have a few minutes** – **just read the lesson** in both languages.
12. There is **no excuse** for you not to memorize at least one sentence for every calendar day.

❑ ❑ ❑ ❑ ❑ ❑

13 No te preocupes si no puedes hacerlo, **mejorarás con el tiempo** si lo haces por lo menos diez minutos al día.
14 **Concéntrate** en las palabras **resaltadas** en **azul** o **rojo.**
15 Las palabras escritas entre **(paréntesis)** no se dicen, se sobreentienden.
16 Las palabras escritas entre **[corchetes]** indican una traducción alterna, igualmente correcta (o preferible en América Latina, en vez de España).
17 Las palabras escritas en *itálica* indican una expresión que está dividida por otras palabras que no son parte de la expresión.
18 Si puedes recordar tan sólo dos de las expresiones resaltadas en cada lección, **notarás un progreso enorme.**

❏ ❏ ❏ ❏ ❏ ❏

13. Don't worry if you can't do it – **you will improve over time** if you do this for at least ten minutes per day.
14. **Focus on** the words **bolded** in **blue** or **red.**
15. Words in **(parentheses)** are not spoken; they are understood.
16. Words in **[brackets]** indicate an alternative translation that is equally correct (or that is preferred in Latin America, as opposed to Spain).
17. *Italics* indicate an expression that is split up by other words that are not part of the expression.
18. If you can remember just two of the highlighted expressions for each day, **you will make tremendous progress.**

❏ ❏ ❏ ❏ ❏ ❏

19 Si el tema tratado del día te resulta aburrido, pasa al siguiente, o **haz sólo una línea** y no te preocupes por el resto.
20 Hemos utilizado los nombres de personas famosas en las historias **para reírnos de ellas.**
21 Este volumen es **ligero** y **contiene todo lo que necesitas.**
22 No podría ser más fácil ni más útil, así que: **¡relájate y diviértete!**
23 Te invitamos a **consultar nuestra página web cada pocos meses** para cualquier **actualización** referente a *Los Idiomas De Tu Interés.*
24 El **texto fundamental** para cada lección **será el mismo en todos los idiomas** (inglés, español, francés, etc.), por lo tanto, podrás utilizar este programa para aprender **cualquier combinación de idiomas.**

❑ ❑ ❑ ❑ ❑ ❑

19 If the topic for a given day is boring to you, just skip it, or **just do one line** and don't worry about the rest.
20 We have used the names of famous people in the stories **in order to make fun of them.**
21 This volume is **lightweight** and **has everything you need.**
22 It couldn't be easier or more convenient, **so relax and have fun!**
23 We invite you to **consult our website every few months** for any **updates** pertaining to *Your Target Language(s)*.
24 The **underlying text** for each lesson **will be the same in every language** (English, Spanish, French, *etc.*), so you can use this program to learn **any combination of languages.**

❑ ❑ ❑ ❑ ❑ ❑

Día 1 / Enero 1 :
Resoluciones para el año nuevo

1. Te **fijas resoluciones** para el año nuevo.
2. Una resolución es una promesa que te haces a ti mismo, algo que tienes la intención de hacer **para mejorar como persona.**
3. Resuelves [Te prometes] **bajar de peso** y dejar de comer en exceso.
4. Te propones **ponerte en forma otra vez** o ser más paciente.
5. Determinas **liberarte de** todos tus malos hábitos, y **reemplazarlos por buenos hábitos.**
6. Sin embargo, *parece que* nunca *cumples tus promesas.*
7. Este año las cosas van a cambiar.

❏ ❏ ❏ ❏ ❏ ❏

Day 1 / January 1 :
New Year's Resolutions

1. You *make* New Year's *resolutions.*
2. A resolution is a promise to yourself, **something you intend to do** to be a better person.
3. You **resolve** to **lose weight** and to **stop overeating.**
4. You resolve to **get back in shape** or to **be more patient.**
5. You resolve to **get rid of** all your **bad habits** and to **replace them with good habits.**
6. But you never **seem to keep your promises.**
7. This year **things will be different.**

❏ ❏ ❏ ❏ ❏ ❏

Día 2 / Enero 2 :
Autodisciplina

8 Este año tu resolución (de Año Nuevo) es **mejorar** tus **habilidades** lingüísticas.
9 Cada día **dedicarás solamente** 20 minutos.
10 **Dedicarás** esos 20 minutos a leer las frases para ese día.
11 Al principio requerirá algo de **autodisciplina de tu parte.**
12 Sin embargo, después de dos semanas **comenzará a resultarte natural.**
13 Después de unos pocos meses, **percibirás** una **notable mejoría.**
14 **Sentirás la satisfacción de haber logrado el objetivo.**

❏ ❏ ❏ ❏ ❏ ❏

Day 2 / January 2 :
Self-Discipline

8. This year your New Year's resolution is to **improve** your language **skills.**
9. Every day you will **set aside just** 20 minutes.
10. You will **dedicate** those 20 minutes to reading the sentences for that day.
11. At first it will require some **self-discipline on your part.**
12. But after two weeks it **will start to come naturally.**
13. After a few months you **will notice** a **marked improvement.**
14. You **will feel** a great **sense of accomplishment** [achievement].

❑ ❑ ❑ ❑ ❑ ❑

Día 3 / Enero 3 :
Cosas que haces por la mañana

1. Esta es tu **rutina matutina** para **prepararte para el trabajo.**
2. Te despiertas y **te levantas (de la cama).**
3. **Te pones el albornoz** [la bata de baño].
4. **Te cepillas los dientes.**
5. **Te das una ducha.**
6. **Te arreglas el pelo.**
7. Si eres mujer, **te maquillas** [te aplicas el maquillaje] y **te pones** un poco de perfume.

❏ ❏ ❏ ❏ ❏ ❏

Day 3 / January 3 :
Things You Do in the Morning

1. This is your **morning routine** to **get ready to go to work.**
2. You wake up and **get (up) out of bed.**
3. You **put on** your **bathrobe.**
4. You **brush your teeth.**
5. You **take a shower.**
6. You **fix your hair.**
7. If you're a woman, you **put on your make-up** and **dab on** some perfume.

❏ ❏ ❏ ❏ ❏ ❏

Día 4 / Enero 4 :
Saliendo de casa por la mañana

8   Si eres hombre, **te afeitas** y te pones un poco de colonia.
9   **Te aplicas [Te pones] desodorante** (en las axilas) para prevenir el **mal olor corporal.**
10 **Te vistes.**
11 **Preparas el desayuno** para los niños, y **los envías** al colegio.
12 Mientras lees el periódico, tus dedos **se manchan.**
13 La **tinta se te adhiere** en las manos.
14 Después de todo, ya estás listo para tu **viaje (diario) al trabajo.**

(Continúa el día 121 / mayo 1)

❑ ❑ ❑ ❑ ❑ ❑

Day 4 / January 4 :
Getting out the Door in the Morning

8   If you're a man, you **shave** and dab on some cologne.
9   You **put on some deodorant** (under your arms) to prevent **offensive body odor.**
10 You **get dressed.**
11 You **make breakfast** for the kids and **send them off** to school.
12 As you read the newspaper, your fingers **get smudged.**
13 The **ink rubs off** on your hands.
14 After all of that, you are ready to **commute to work** [for your commute to work].

(Continued at Day 121 / May 1)

❏ ❏ ❏ ❏ ❏ ❏

Día 5 / Enero 5 :
El milagro del nacimiento

1. Hillary **permaneció virgen hasta después de** casarse.
2. Hillary **sospechó por primera vez** que estaba **embarazada** cuando **tuvo náuseas matinales.**
3. Sus **síntomas** incluían **náuseas** y **vómitos.**
4. Ella empezó a **tener antojos extraños,** tales como la **repentina compulsión** de comer **pepinillos** y helado – todo a la vez.
5. El doctor confirmó que estaba embarazada después de **hacerle pruebas de sangre y orina.**
6. Ella decidió **que no le praticaran un aborto** [decidió no abortar].
7. Su programa de **cuidados prenatales** incluía visitas semanales al doctor y ejercicios de **relajación** y **respiración de preparación para** el parto.

❑ ❑ ❑ ❑ ❑ ❑

Day 5 / January 5 :
The Miracle of Birth

1. Hillary **remained a virgin until after** she got married.
2. Hillary **first suspected** she was **pregnant** when she **got morning sickness.**
3. Her **symptoms** included **nausea** and **vomiting.**
4. She began to **have strange cravings,** like the **sudden compulsion** to eat **pickles** and ice cream – all at the same time.
5. The doctor confirmed that she was pregnant after **performing blood and urine tests.**
6. She decided not to **have an abortion.**
7. Her **prenatal care** program included weekly visits to the doctor and **relaxation** and **breathing** exercises **in preparation for** labor.

❏ ❏ ❏ ❏ ❏ ❏

Día 6 / Enero 6 :
Contracciones

8   Ella **realmente** empezó a **aumentar de peso.**
9   *Se* le *agrandó* el vientre.
10 Ella **parecía** un **globo.**
11 Durante su noveno mes de **embarazo,** Hillary **comenzó con dolores de parto.**
12 **Para cuando la trajeron al** hospital, sufría *dolores* de parto *intensos.*
13 **Ya** estaba **teniendo contracciones.**
14 **La pusieron** en una **silla de ruedas.**
    ❑ ❑ ❑ ❑ ❑ ❑

Day 6 / January 6 :
Labor Pains

8. She **really** started to **gain weight.**
9. Her stomach [belly] became **bloated.**
10. She **looked like** a **blimp.**
11. During her ninth month of **pregnancy,** Hillary **went into labor.**
12. **By the time (that) they got her to** the hospital, she was in **intense pain.**
13. She was **already having contractions.**
14. They **put her** in a **wheelchair.**

❏ ❏ ❏ ❏ ❏ ❏

Día 7 / Enero 7 :
El recién nacido

15   La **llevaron urgentemente** a la **sala de maternidad.**
16   El doctor **procedió a atender** el parto.
17   **Gracias a Dios** que no **perdió al bebé.**
18   El doctor cortó el **cordón umbilical,** y **circuncidó** al **recién nacido.**
19   La enfermera **lo envolvió en** una **manta tibia,** y se **lo entregó** a la nueva mamá.
20   Ella lo tomó en sus brazos y **lo arrulló** con un profundo amor y **afecto** como **solamente una madre realmente sabe.**
21   Guillermo y Hillary **tenían miedo** de que su **primogénito se sintiera celoso** del nuevo bebé por **toda la atención que iba a recibir.**

(Continúa el día 38 / febrero 7)

❏ ❏ ❏ ❏ ❏ ❏

Day 7 / January 7 :
The Newborn

15 They **rushed her** to the **maternity ward.**
16 The doctor **proceeded to deliver** the baby.
17 **Thank God** she did not have a **miscarriage.**
18 The doctor cut the **umbilical cord** and **circumcised** the **newborn.**
19 The nurse **wrapped him** in a **warm blanket** and **handed him** to the new mother.
20 She held him in her arms and **cuddled him** with a depth of love and **affection** that **only a mother can really know.**
21 Bill and Hillary **were afraid** [were worried] that their **first-born child would be jealous** of the new baby because of **all the attention it was going to get.**

(Continued at Day 38 / Feb. 7)

❏ ❏ ❏ ❏ ❏ ❏

Día 8 / Enero 8 :
Concepto de negocios

1. Todo comienza con una idea **única en la vida,** una **ráfaga de genialidad.**
2. La **idea brillante** de Teodora Turner es crear lámparas para niños.
3. Ella es una **artista gráfica,** por eso **dibuja** algunos **bosquejos** de su **concepto** de lámparas **pensadas para** los niños.
4. Una lámpara **tiene forma de** un *personaje* famoso *de dibujos animados.*
5. Otra tiene forma de avión, y está **diseñada para colgar de un cordón** desde el **techo.**
6. Una vez que ella tiene el concepto básico, debe **formar un equipo** para que pueda **llevarlo a cabo.**
7. **Una cosa es** tener un buen concepto...

❏ ❏ ❏ ❏ ❏ ❏

Day 8 / January 8 :
Business Concept

1. It all starts with a **once-in-a-lifetime** idea, a **flash of genius.**
2. Theodora Turner's **brilliant idea** is to create lamps for kids.
3. She is a **graphic artist,** so she **draws up** some **sketches** of her **concept** for lamps that would **appeal to** children.
4. One lamp is **shaped like** a famous **cartoon character.**
5. Another is shaped like an airplane and is **designed to hang from a chord** from the **ceiling.**
6. Once she has the basic concept, she has to **put together a team** that can **make it happen.**
7. **It's one thing** to have a good concept...

❑ ❑ ❑ ❑ ❑ ❑

Día 9 / Enero 9 :
Contactos de negocios

8   ...**Otra cosa es** tener la **motivación, disciplina,** y **absoluta fuerza de voluntad** para lograr llevarlo a cabo.

9   Una **planificación cuidadosa** también es importante si quieres **convertir tu sueño en una realidad concreta.**

10 Un **familiar** [pariente] de Turner **es dueño de** una **tienda minorista.**

11 Este pariente es capaz de *poner a* Turner *al corriente* [*al tanto*] de **lo que necesita saber** sobre **los aspectos práticos** [el funcionamiento] de la **industria** de lámparas.

12 La tienda de su pariente está **constituída como una empresa individual.**

13 El pariente tiene un **contacto de negocios** que es un **distribuidor mayorista** llamado Dunaldo Tramp.

14 Tramp **suministra mercancías** a tiendas minoristas.

❏ ❏ ❏ ❏ ❏ ❏

Day 9 / January 9 :
Business Contacts

8 **...It's quite another (thing)** to have the **motivation, discipline,** and **sheer willpower** to make it happen.

9 **Careful planning** is also important if you want to **turn your dream into a concrete reality.**

10 One of Turner's **relatives owns** a **retail outlet.**

11 This relative is able to *fill* Turner *in on* **what she needs to know** about **the mechanics** of the lamp **industry** [sector].

12 The relative's store is (**organized as**) a **sole proprietorship.**

13 The relative has a **business contact** who is a **wholesale distributor** named DunaldoTramp.

14 Tramp **supplies goods** to retail outlets.

❏ ❏ ❏ ❏ ❏ ❏

Día 10 / Enero 10 :
Sociedad en comandita limitada

15 Tramp conoce a algunas personas **en el sector de la fabricación.**
16 Tramp *pone* a Turner *en contacto con* Guillermo Grates.
17 Grates **tiene años de experiencia** en el **diseño** y la **fabricación** de lámparas.
18 Los cuatro deciden **formar una sociedad comanditaria** para producir lámparas para niños.
19 Los **socios generales** manejarán la empresa y **dividirán** las **ganancias** y **perdidas basados en asignaciones de los porcentajes** expuestos en el **convenio de la sociedad.**
20 Los **socios comanditarios** [capitalistas] **aportarán [contribuirán] con capital** y estarán **arriesgandose solamente hasta el punto del** dinero **hasta entonces** aportado.
21 Los socios **adoptan** el nombre "Lámparas para Niñitos" como su **nombre comercial.**

❏ ❏ ❏ ❏ ❏ ❏

Day 10 / January 10 :
Limited Partnership

15. Tramp knows some people **on the manufacturing side.**
16. Tramp *puts* Turner *in touch with* Bill Grates.
17. Grates **has years of experience designing** and **manufacturing** lamps.
18. The four of them decide to **form a limited partnership** to produce the lamps for kids.
19. The **general partners** will manage the company and will **share in profits** and **losses based on** the **percentage allocations** set forth in the **partnership agreement.**
20. The **limited [passive] partners** will **contribute capital** and will be **at risk only to the extent of** the monies **so** contributed.
21. The partners **adopt** "Kiddie Lamps" as their **tradename.**

❏ ❏ ❏ ❏ ❏ ❏

Día 11 / Enero 11 :
Plan de negocios

22 Ellos también **redactaron** un **plan de negocios detallado.**
23 El plan **expone** cada **medida** necesaria para **realizar** el proyecto **desde el comienzo hasta el fin.**
24 Cada **pocas** semanas ellos **reexaminan** el plan.
25 Ellos **modifican** el plan **apoyados en experiencias recientes** y lo que han aprendido.
26 Ellos **llegan al punto en que se dan cuenta** de que necesitan más capital *para ver* que la primera **fase** *del proyecto se lleve a cabo.*
27 Turner ya ha **invertido los ahorros de toda su vida.**
28 Grates **no está dispuesto** a **poner** [contribuir con] más que **cierta cantidad** en la empresa.

❏ ❏ ❏ ❏ ❏ ❏

Day 11 / January 11 :
Business Plan

22 They also **draw up** a **detailed business plan.**
23 The plan **sets forth** every **step** necessary **to realize** the project **from start to finish.**
24 Every **couple of** weeks they **revisit** the plan.
25 They **modify** the plan **based on recent experience** and what they have learned.
26 They **get to the point where** they **realize** that they need more capital **to see the project through** completion of the first **phase.**
27 Turner has already **invested her life savings.**
28 Grates **is unwilling** to **put** [contribute] more than **a certain amount** into the venture.

❏ ❏ ❏ ❏ ❏ ❏

Día 12 / Enero 12 :
Obteniendo capital

29 Ellos **consideran obtener un préstamo,** pero el **tipo de interés** del banco es **desfavorable** y **francamente usuraria.**

30 Ellos no quieren que **algún agente de préstamo del banco ande metiendo la nariz en** las **operaciones del día a día** de su negocio.

31 Ellos **piensan obtener** el capital necesitado **aceptando** a otro socio.

32 Aquí, **sin embargo,** el problema es que tienen miedo de **perder demasiado control** con alguien que **no esté tan comprometido personalmente** como ellos lo están.

33 Grates **identifica** a una **posible inversora** [inversionista] llamada Paris Marriott.

34 Paris es una **viuda anciana** [mayor de edad] con **dinero de sobra para gastar.**

35 Ella **está buscando** una inversión **lucrativa** [rentable].

❑ ❑ ❑ ❑ ❑ ❑

Day 12 / January 12 :
Obtaining Capital

29 They **consider getting [taking out] a loan,** but the bank's **lending rate** is **unfavorable** and **downright usurious.**

30 And they don't want **some bank loan officer butting into** the **day-to-day operation** of their business.

31 They **think about obtaining** the needed capital **by taking in** another partner.

32 Here, **however,** the problem is that they are afraid of **losing too much control** to someone who is **not as personally committed** as they are.

33 Grates **identifies** a **prospective investor** named Paris Marriott.

34 Paris is an **elderly widow** with a lot of **extra money to burn.**

35 She **is looking for** a **lucrative** investment.

❏ ❏ ❏ ❏ ❏ ❏

Día 13 / Enero 13 :
Una nueva inversora

36 La posible nueva inversora expresa **claramente** que no quiere **verse involucrada** en las operaciones del día a día.

37 **Esto no quiere decir que** sea **ingenua.**

38 Ella tiene una excelente **perspicacia innata para los negocios.**

39 Ella **vigila** el **rendimiento** de la mayoría de sus inversiones **muy de cerca.**

40 **Esta vez,** sin embargo, será una socia comanditaria [socia capitalista].

41 Esto se sobreentiende **explicitamente,** y no sólo **implícitamente,** por todas las **partes desde el principio.**

42 Paris contribuye con una **cantidad específica** (de dinero) **a cambio de** un determinado **porcentaje** de las ganancias **a largo plazo.**

(Continúa el día 42 / febrero 11)

❏ ❏ ❏ ❏ ❏ ❏

Day 13 / January 13 :
A New Investor

36 The prospective new investor **specifically** states that she does not want to have to **get involved in** day-to-day operations.

37 **This is not to say that** she is **naïve.**

38 She has excellent **business acumen.**

39 She **watches over** [monitors] the **performance** of most of her other investments **very closely.**

40 **This time,** however, she will be a limited [passive] partner.

41 This is understood **explicitly,** not just **implicitly,** by all of the **parties from the outset.**

42 Paris puts in a **specific amount** (of money) **in return for** a specified **percentage** of the profits **over the long-term.**

(Continued at Day 42 / Feb. 11)

❑ ❑ ❑ ❑ ❑ ❑

Día 14 / Enero 14 :
Crema para la piel
(Continúa del día 256 / septiembre 13)

1. Cleopatra **hidrata** su cara con **crema humectante** [crema hidratante].
2. También **se aplica** un poco de crema para ojos **debajo de los ojos** y **en sus párpados.**
3. Debe usarla **en lugar de** crema facial, porque la **piel** alrededor de sus ojos es **más delicada** y **sensible.**
4. Si le **entra en los ojos,** se los **quemará** o **irritará.**
5. Cleopatra **se rocía** un poco de perfume.
6. Ella no usa ningún **producto de higiene personal** que haya sido **probado en animales.**

❏ ❏ ❏ ❏ ❏ ❏

Day 14 / January 14 :
Skin Creme
(Continued from Day 256 / Sept. 13)
1. Cleopatra **moisturizes** her face with **moisturizing creme.**
2. She also **dabs** some eye creme **underneath her eyes** and **on her eyelids.**
3. She has to use it **instead of** facial creme, because the **skin** around her eyes is **more delicate** and **sensitive.**
4. If it **gets in her eyes,** it will **burn** or **irritate** her eyes.
5. Cleopatra **sprays on** some perfume.
6. She doesn't use any **personal hygiene products** that are **animal tested.**

❏ ❏ ❏ ❏ ❏ ❏

Día 15 / Enero 15 :
Pruebas con animales

7   Cleopatra siempre **comprueba** la **etiqueta** antes de comprar algo.
8   Una amiga de ella dice que es **hipócrita,** porque come carne y usa **chaquetas de cuero.**
9   Cleopatra **no está de acuerdo.**
10   Probar productos en animales vivos es **innecesariamente cruel.**
11   **Además,** ella está **reconsiderando si debería o no** hacerse **vegetariana.**
12   La mayoría de los vegetarianos **se abstienen de** comer cualquier tipo de **carne,** pero algunos comen **subproductos** de animales como leche o queso.

(Continúa el día 310 / noviembre 6)

❑ ❑ ❑ ❑ ❑ ❑

Day 15 / January 15 :
Animal Testing

7. Cleopatra always **checks** the **label** before she buys something.
8. A friend of hers says that she's a **hypocrite,** because she eats meat and owns a **leather jacket.**
9. Cleopatra **disagrees.**
10. Testing products on live animals is **unnecessarily cruel.**
11. **And besides,** she's **rethinking whether or not she should** become a **vegetarian.**
12. Most vegetarians **abstain from** eating any type of **flesh,** but some eat animal **byproducts,** such as milk or cheese.

(Continued at Day 310 / Nov. 6)

❏ ❏ ❏ ❏ ❏ ❏

Día 16 / Enero 16 :
No sentirse bien

1. Tú **no te sientes bien** hoy.
2. Tienes un **dolor de cabeza insoportable.**
3. *No* le duele *tanto como una migraña,* pero **casi como** una migraña.
4. Tu cabeza **está absolutamente punzante.**
5. Tus ojos están rojos e **irritados,** y **te arden.**
6. Estás **tratando de no frotarlos,** pero **no puedes evitarlo.**
7. Tus **vías nasales** están **congestionadas,** por lo que **apenas puedes respirar.**

❏ ❏ ❏ ❏ ❏ ❏

Day 16 / January 16 :
Not Feeling Well

1. You **don't feel well** today.
2. You have a **splitting headache.**
3. It's **not quite a migraine,** but **it's almost** a migraine.
4. Your head **is just throbbing.**
5. Your eyes are red and **irritated,** and **they itch.**
6. You're **trying not to rub them,** but you **can't help yourself.**
7. Your **nasal passages** are **clogged** [congested], so you **can hardly breathe.**

❑ ❑ ❑ ❑ ❑ ❑

Día 17 / Enero 17 :
Tomándote la temperatura

8   Estás **teniendo problemas** para dormir.
9   Te **duele todo el cuerpo.**
10 Te **sientes decaído.**
11 **No tienes energía.**
12 Te **tomas la temperatura** con un **termómetro.**
13 Buscas en el **botiquín** encima del **lavabo** [lavamanos] del baño y encuentras el termómetro en el **estante superior, escondido detrás de** algunos **frascos de medicina.**
14 Te pones el termómetro en la boca, **debajo de la lengua.**

❏ ❏ ❏ ❏ ❏ ❏

Day 17 / January 17 :
Taking Your Temperature

8   You're **having trouble** sleeping.
9   Your **whole body** is **achy.**
10 You **feel run down** [fatigued].
11 You **have no energy.**
12 You **take your temperature** with a **thermometer.**
13 You look in the **cabinet** above the **sink** in the bathroom and find the thermometer on the **top shelf hidden behind** some **medicine containers.**
14 You put the thermometer in your mouth, **underneath your tongue.**

❑ ❑ ❑ ❑ ❑ ❑

Día 18 / Enero 18 :
Tan sólo una leve enfermedad

15 **Después de unos** dos minutos, el termómetro **suena.**
16 **Indica** 98,8 [noventa y ocho coma ocho] grados, **tan sólo un poco por encima de lo normal,** pero **dentro de la escala normal.**
17 Así que no tienes **fiebre.**
18 Tú no sabes si tienes **gripe** o un **ataque de sinusitis.**
19 Tomas una **píldora** [pastilla] para la sinusitis, pero **no te hace efecto.**
20 No te **sientes tan enfermo como para** ir al doctor [médico], por lo que decides **no decir que estás enfermo** en la oficina [no decir nada en la oficina].
21 Pero, si no **mejoras en un par de días,** o **si empeoras, seguro que** irás al doctor.

❑ ❑ ❑ ❑ ❑ ❑

Day 18 / January 18 :
Just a Minor Ailment

15 After about two minutes the thermometer beeps.
16 It reads 98.8 [ninety-eight point eight] degrees, just a little above normal, but well within normal range.
17 So you don't have a fever.
18 You don't know whether you have the flu or a sinus attack.
19 You take a sinus pill, but it doesn't help.
20 You don't feel sick enough to go to the doctor, so you decide not to call in sick at the office.
21 But if it doesn't get better in a day or so, or if it gets worse, you're definitely going to go to the doctor.

❏ ❏ ❏ ❏ ❏ ❏

Día 19 / Enero 19 :
Clases de gobierno

1. Antes de la Revolución Francesa, el rey era un **monarca absoluto** que **pretendía** gobernar por **"derecho divino".**
2. El rey no **tenía que rendir cuentas** ante ninguna otra **autoridad.**
3. La Union Soviética era una **dictadura totalitaria.**
4. Una **oligarquía privilegiada** controlaba **todos los aspectos** de la vida.
5. Los **ciudadanos** no tenían **derecho** alguno contra la **intromisión** del gobierno en **asuntos privados, tal como lo que** podían o no leer.
6. Gran Bretaña es una **monarquía constitucional** porque el papel de la reina es **principalmente ceremonial.**
7. En la **tribu indígena,** los **ancianos llegan a decisiones** importantes por medio del **consenso.**

❑ ❑ ❑ ❑ ❑ ❑

Day 19 / January 19 :
Types of Government

1. Before the French revolution the king was an **absolute monarch** who **claimed** to rule by **"divine right."**
2. The king was not **answerable** to any other **authority.**
3. The Soviet Union was a **totalitarian dictatorship.**
4. A **privileged oligarchy** controlled **all aspects** of life.
5. The **citizens** had no **rights** [legal protection] against government **intrusiveness** into **private matters, such as** what they could read.
6. Great Britain is a **constitutional monarchy,** because the queen's role is **primarily ceremonial.**
7. In the **indigenous tribe,** the **elders** *arrive at* important *decisions* by means of **consensus.**

❏ ❏ ❏ ❏ ❏ ❏

Día 20 / Enero 20 :
Democracia

8   En una **democracia representativa,** los ciudadanos **participan en** la **toma de decisiones** mediante la elección de sus representantes por medio del voto.

9   Si su representante **no está cumpliendo las responsabilidades adecuadamente a su favor,** pueden **votar para destituirlo/la de su cargo.**

10 Muchos países ahora están **realizando la transición exitosa** de una dictadura hacia la democracia.

11 Una verdadera democracia **se caracteriza por** la **transferencia de poderes** pacífica entre el líder **saliente** y el **entrante.**

12 **Este es el caso** aún cuando los dos sean **adversarios.**

13 El día de **la investidura,** el presidente entrante **presta juramento de posesión del cargo** durante la **ceremonia de (la toma de) investidura.**

❏ ❏ ❏ ❏ ❏ ❏

Day 20 / January 20 : Democracy

8. In a **representative democracy** the citizens **participate in decision-making** by choosing their representatives through voting.
9. If their representative **is not performing adequately on their behalf,** they can **vote him or her out of office.**
10. Many countries are now **making the successful transition** from dictatorship to democracy.
11. A true democracy **is characterized by** the peaceful **transfer of power** from the **outgoing** to the **incoming** leader.
12. **This is the case** even when the two are **adversaries.**
13. On **inauguration** day, the incoming president **swears the oath of office** during the **swearing-in ceremony.**

❏ ❏ ❏ ❏ ❏ ❏

Día 21 / Enero 21 :
Plano general de la casa

1. Tu casa tiene **dos niveles** [pisos].
2. **Está ubicada** en un **terreno** [solar] de **medio acre** con un **jardín al frente**, un **patio al fondo** y **dos jardines angostos** [estrechos] **a los lados.**
3. La **planta baja** de la casa tiene un **vestíbulo.**
4. También hay una **sala (de estar)** con una **ventana saliente panorámica.**
5. La ventana panorámica **da al** jardín del frente.
6. También hay un **estudio** con una **puerta de vidrio deslizante** y **contrapuerta mosquitera [de malla] deslizante** que **se abre hacia** el **patio trasero.**
7. En el vestíbulo hay un **armario** [un closet] **donde cuelgas tus abrigos** [sacos].

❑ ❑ ❑ ❑ ❑ ❑

Day 21 / January 21 :
General Layout of the House

1. Your house has **two floors** [storeys].
2. It **sits on** a **half acre plot** with a **front yard,** a **back yard,** and **two narrow side yards.**
3. The **ground floor** of the house has a **front hallway.**
4. There is also a **living room** with a big **bay window.**
5. The bay window **overlooks** the front yard.
6. There is also a **den** with a big **sliding glass door** and a **sliding screen door** that **opens onto** the **back patio.**
7. In the front hall there is a (built-in) **closet where [in which] you hang your coats.**

❑ ❑ ❑ ❑ ❑ ❑

Día 22 / Enero 22 :
Planta baja contra planta alta

8 En el estante superior **guardas** el **papel de envolver** [papel de regalo], **guantes, bufandas** y **sombreros.**

9 También guardas algunas **cajas vacías** y otros **artículos misceláneos** en el estante superior.

10 Una **escalera te lleva desde** el pasillo al lado de la cocina **hacia** el **sótano.**

11 Otra escalera, **justo en** la entrada, **cuando entras, te lleva** arriba.

12 El **piso superior** tiene dormitorios, baños y un **armario [closet] para ropa blanca.**

13 **En lo alto de la escalera** hay una puerta hacia el **ático,** que está **sobre el garaje.**

(Continúa el día 72 / marzo 13)

❏ ❏ ❏ ❏ ❏ ❏

Day 22 / January 22 :
Ground Floor Versus Upper Floor

8   On the top shelf you **keep wrapping paper, gloves, scarves,** and **hats.**
9   You also keep some **empty boxes** and other **odds-and-ends** on the top shelf.
10 A **staircase leads from** the hall(way) by the kitchen **down to** the **basement.**
11 Another staircase, **right at** the front entrance **when you walk in, goes** upstairs.
12 The **upstairs** [upstairs floor] has bedrooms, bathrooms, and a **linen closet.**
13 **At the top of the stairs** there is a door to the **attic,** which is **over the garage.**

(Continued at Day 72 / Mar. 13)

❏ ❏ ❏ ❏ ❏ ❏

Día 23 / Enero 23 :
Embajada

1. El embajador es el **representante oficial** de su país.
2. Tanto él como el **personal** de la embajada y sus familias **gozan de inmunidad** diplomática.
3. El **cónsul general** es responsable de **asuntos semi-rutinarios,** tales como **conceder** o **negar visas.**
4. Para visitar su país, **debes obtener** una visa, porque ellos **quieren controlar** quien puede entrar y salir.
5. Si se te concede un visado, ellos **lo estampan** en tu **pasaporte.**
6. La mayoría de los **puestos** diplomáticos son **cubiertos por nepotismo** porque el país es **muy corrupto** debido a la **falta de transparencia** e **integridad** de los **funcionarios** del gobierno.
7. En la **residencia** del embajador **se celebra una recepción** durante la cual **se sirven cócteles.**

❏ ❏ ❏ ❏ ❏ ❏

Day 23 / January 23 :
Embassy

1. The ambassador is the **official representative** of his country.
2. He, the embassy **staff,** and their family members **enjoy** diplomatic **immunity.**
3. The **consul general** is responsible for **semi-routine matters,** such as **granting** or **denying visas.**
4. To visit their country, you **must obtain** a visa, because they **want to control** who can enter and depart.
5. If a visa is granted, they **stamp it** in your **passport.**
6. Most of the diplomatic **posts** are **filled through nepotism,** because that country is **so corrupt,** due to a **lack of transparency** and the lack of **integrity** of the government **officials.**
7. A **reception is held** at the ambassador's **residence,** at which **cocktails are served.**

❏ ❏ ❏ ❏ ❏ ❏

Día 24 / Enero 24 :
Caja de cereales
(Continúa del día 106 / abril 16)

1. El cereal viene en una caja de cartón.
2. La caja tiene mucha publicidad al frente y al dorso.
3. En uno de los lados, hay un pequeño recuadro con información sobre los ingredientes, el valor nutritivo y el peso del contenido.
4. El recuadro indica la cantidad de ciertas vitaminas y minerales específicos por ración.
5. A efectos de comparación, el recuadro también te indica la cantidad diaria recomendada.
6. También te indica la cantidad de grasa saturada y fibra que contiene por ración.
7. El recuadro indica el número de calorías y la cantidad de sodio en cada ración.

❏ ❏ ❏ ❏ ❏ ❏

Day 24 / January 24 :
Cereal Box
(Continued from Day 106 / Apr. 16)

1. The **cereal comes in** a **cardboard box.**
2. The box has lots of **advertising on the front and back panels** [sides].
3. On one of the sides, there is a small **box** with information about the **ingredients,** the **nutritional value,** and **weight** of the **contents.**
4. The box tells you the amount of certain specific **vitamins** and **minerals per serving.**
5. **For comparative purposes,** the box also tells you the **recommended daily amount.**
6. It also tells you how much **saturated fat** and **fiber** there is per serving.
7. The box **lists** the **number of calories** and the amount of **sodium** in each serving.

❏ ❏ ❏ ❏ ❏ ❏

Día 25 / Enero 25 :
Comiendo cereal

8   Abres la caja **arrancando** la **línea perforada, como está indicado en letra pequeña.**
9   Dentro de la caja, el cereal **está empaquetado** en una **bolsa plástica hermética.**
10 Este tipo de **paquete impide que el contenido se deteriore.**
11 Esto **extiende (el tiempo de) la durabilidad** del producto.
12 Cuando **viertes la leche sobre** el cereal, éste **se mantiene crujiente** [crocante] durante un par de minutos.
13 Después **queda empapado** [saturado].
14 Te **pones una cucharada en la boca** y **masticas.**

(Continúa el día 129 / mayo 9)

❑ ❑ ❑ ❑ ❑ ❑

Day 25 / January 25 :
Eating Cereal

8. You open the box **by tearing along** the **perforated line, as indicated in fine print.**
9. Inside the box the cereal **is packaged in** an **air-tight plastic bag.**
10. This kind of **packaging keeps the contents from getting stale.**
11. It **lengthens** the **shelf-life** of the product.
12. When you **pour the milk over** the cereal, it **stays crispy** for a minute or two.
13. Then it **gets soggy.**
14. You **put a spoonful into your mouth** and **chew.**

(Continued at Day 129 / May 9)
❏ ❏ ❏ ❏ ❏ ❏

Día 26 / Enero 26 :
Abriendo una cuenta bancaria

1. **Cuando acabaste de mudarte aquí, la prioridad que debiste atender** fue abrir una cuenta bancaria nueva.
2. La persona en **el mostador de información te dice que** vayas a uno de los **cubículos** pequeños donde una **agente de cuenta** te ayudará.
3. La agente (de cuenta) te pide información básica, como tu dirección y el número de **seguro social.**
4. Ella te pregunta con cuánto (dinero) quieres **abrir la cuenta.**
5. Ella quiere saber cuál será tu **balance inicial.**
6. Ella **te explica** los diferentes tipos de cuentas.

❏ ❏ ❏ ❏ ❏ ❏

Day 26 / January 26 :
Opening a Bank Account

1. **When you first moved into town,** your **first order of business** was to open a new bank account.
2. The man at the **information desk tells you to go to** one of the little **cubicles** where an **account manager** will help you.
3. The account manager asks for some basic information, such as your address and **social security** number.
4. She asks you how much (money) you want to **open the account** with.
5. She wants to know what your **starting balance** will be.
6. She **tells you about** the different kinds of accounts.

❏ ❏ ❏ ❏ ❏ ❏

Día 27 / Enero 27 :
Balance mínimo

7 Una **cuenta corriente** básica te permite **extender** *tantos* cheques *como quieras* durante un determinado mes.

8 No hay **cargos por servicio siempre y cuando mantengas** por lo menos $1.000 en la cuenta **en todo momento,** durante un **período de facturación.**

9 Sin embargo, el dinero en la cuenta **no genera ningún interés.**

10 Si abres una **cuenta de ahorro,** ésta obtendrá 5% de interés.

11 Sin embargo, debes mantener un **balance mínimo** de $4.000 **para poder cumplir los requisitos** (al porcentaje de interés).

12 Y si tu cuenta **se mantiene por debajo** de los $4.000, **pierdes** los intereses de ese mes y **te cobran** un cargo de servicio.

13 Es **realmente** un **acuerdo miserable.**

❏ ❏ ❏ ❏ ❏ ❏

Day 27 / January 27 :
Minimum Balance

7   A **basic checking account** allows you **to cash** [to write] *as many* checks *as you want* during a given month.

8   There is no **service fee as long as you maintain** at least $1,000 in the account **at all times** during a given **billing period.**

9   However, the money in the account **does not earn any interest.**

10 If you open a **savings account,** it will earn 5% interest.

11 However, you must maintain a **minimum balance** of $4,000 **in order to qualify.**

12 And, if your account balance **dips below** $4,000, **you lose** [forfeit] the interest for that month and **are charged** a service fee.

13 That is a **really crummy deal.**

❏ ❏ ❏ ❏ ❏ ❏

Día 28 / Enero 28 :
Traspaso de fondos

14 **Podrías tomar** los $3.000 extra, **es decir, la cantidad por encima del** balance mínimo y, en vez de **dárselo** al banco, ponerlo en un **fondo de inversión colectivo** y *obtener* un 8% *o más.*

15 O sea que **ignoras** el **intenso rollo publicitario** y sólo **te apuntas** una cuenta corriente básica.

16 El rollo publicitario está **preparado de antemano.**

17 Ella te dice que puedes hacer el **depósito inicial** con un **cheque de caja.**

18 O puedes **hacer un giro** directamente desde tu antigua cuenta.

19 Le dices que quieres **hacer una transferencia electrónica** [mandar los fondos por una transferencia electrónica].

20 Quieres **retirar** algo de efectivo para usar en tu **próximo viaje.**

❏ ❏ ❏ ❏ ❏ ❏

Day 28 / January 28:
Transferring Funds

14. You **could take** the extra $3,000, *i.e.*, **the amount over** the minimum balance and, instead of **giving it to** [investing it with] the bank, put it in a **mutual fund** and **earn upwards of** 8%.
15. So you **ignore** [don't pay attention to] the **heavy sales pitch** and just **sign up for** a basic checking account.
16. The sales pitch is **scripted.**
17. She tells you that you could make your **opening deposit** with a **cashier's check.**
18. Or, you could **wire funds** directly from your old account.
19. You tell her you will **make an electronic transfer.**
20. You want to **withdraw** some cash for use during your **upcoming trip.**

❑ ❑ ❑ ❑ ❑ ❑

Día 29 / Enero 29 :
Retirando dinero

21 El **cajero** te pide una **identificación con foto.**
22 Le preguntas al cajero si el dinero que **fue transferido a** tu cuenta **ya está disponible.**
23 El cajero te dice que debes esperar **dos días hábiles** para que el dinero **esté disponible.**
24 **Esto te hace sentir algo** enojado y **frustrado,** pero **no hay nada que puedas hacer al respecto.**
25 Podrías **cerrar** tu cuenta y **cambiarla** a otro banco, pero todos **tienen la misma regla.**
26 El cajero te pregunta como quieres el efectivo [que clase de **billetes**].
27 Olvidas **balancear tu talonario (de cheques)** y escribes un cheque por más dinero de lo que hay en tu cuenta, por lo que **es rechazado.**

❏ ❏ ❏ ❏ ❏ ❏

Day 29 / January 29 :
Withdrawing Cash

21. The **teller** asks to see a **photo I.D.**
22. You ask the teller if the money that **was transferred into** your account **is available yet.**
23. The teller says that you have to wait for **two full business days** before the money will **become available.**
24. **This makes you (feel) somewhat** angry and **frustrated,** but **there is nothing you can do about it.**
25. You could **close (out)** your account and **move it** [switch it] to another bank, but they all **have the same rule.**
26. The teller asks you how you want your money [what kind of **bills** you want your money in].
27. You forget to **balance your checkbook** [to maintain adequate funds in your account] and write a check for more (money) than is in your account, so the **check bounces.**

❑ ❑ ❑ ❑ ❑ ❑

Día 30 / Enero 30 :
Artista

1. El **pintor** Leonardo **está parado** en frente de su **caballete.**
2. El tiene un **pincel** en la mano izquierda, y una **paleta** (de colores) en la mano derecha.
3. Al otro lado del caballete está sentada su amiga Mona, quien **está haciendo de modelo.**
4. Ella ha acépto ser su modelo, **pero sólo por esta única vez.**
5. Ella se niega a **posar desnuda,** pero viste una **blusa** que **muestra su escote.**
6. El cuadro ha sido **comisionado** por un **patrocinador** rico [un rico mecenas (de las artes)].
7. El artista **será pagado espléndidamente** si **hace un buen trabajo.**

❑ ❑ ❑ ❑ ❑ ❑

Day 30 / January 30 :
Artist

1. The **painter** Leonardo **is standing** in front of his **easel.**
2. He is holding a **paint brush** in his left hand and a **palette** in his right hand.
3. On the other side of the easel sits his friend Mona, who **is modeling.**
4. She has agreed to be his model, **but just this one time.**
5. She refuses to **pose in the nude,** but she is wearing a **blouse** that **shows her cleavage.**
6. The painting has been **commissioned** by a wealthy **patron.**
7. The artist will be **paid handsomely** if he **does a good job.**

❏ ❏ ❏ ❏ ❏ ❏

Día 31 / Enero 31 :
Pintando

8 El artista **pone un poco** de azul y blanco y los mezcla para crear un color **azul celeste claro.**

9 Él usa este color para pintar el **fondo** con **amplias pinceladas.**

10 Luego pinta el **bosquejo** de la cara y del cuerpo de Mona.

11 **Se aleja, reflexiona** sobre su trabajo y luego **agrega algunos toques** aquí y allá.

12 Él **logra captar perfectamente** la **misteriosa** e **irónica** sonrisa de Mona.

13 Él es un **genio creativo.**

14 Él sabe que este **cuadro** será una **obra maestra.**

❏ ❏ ❏ ❏ ❏ ❏

Day 31 / January 31 :
Painting

8. The artist **dabs** some blue and white and mixes them together to create a **light sky-blue** color.
9. He uses this color to paint the **background** with **broad strokes**.
10. Then he paints the **outline** of Mona's face and body.
11. He **steps back, ponders** his work, and then **adds some touches** here and there.
12. He **manages** to **capture perfectly** Mona's **mysterious, wry** smile.
13. He is a **creative genius.**
14. He knows that this **painting** will be a **masterpiece.**

❏ ❏ ❏ ❏ ❏ ❏

Día 32 / Febrero 1 :
Tu viaje diario al trabajo
(Continúa del día 69 / marzo 10)

1. Una vez que los niños **se han ido** al colegio tú **sales de la casa.**
2. Cada mañana te **enfrentas a un largo viaje hacia el trabajo.**
3. **Te lleva** una hora completa *llegar de* tu casa *a* la oficina.
4. Éste es el **precio que pagas** por vivir en **las afueras** [los suburbios], **donde hay más espacio.**
5. **Es más tranquilo** en los suburbios.
6. **Hay menos crimalidad** [delincuencia].
7. **Para** llegar al trabajo, tienes que utilizar tres **medios de transporte** – automóvil, **subterráneo** [metro] y a pie.

❏ ❏ ❏ ❏ ❏ ❏

Day 32 / February 1 :
Your Commute to Work
(Continued from Day 69 / Mar. 10)

1. Once the kids **have gone off** to school, you **head out the door.**
2. Every morning you **face a long commute** to work.
3. **It takes you** a full hour *to get from* your house *to* the office.
4. This is **the price you pay** [the compromise you make] for living in **the suburbs,** where **there is more space.**
5. **It's quieter** in the suburbs.
6. **There's less crime.**
7. **In order to** get to work, you have to use three **modes of transportation** – car, **subway,** and walking.

❏ ❏ ❏ ❏ ❏ ❏

Día 33 / Febrero 2 :
Arrancar el automóvil

8. Vas hasta el automóvil [coche], el cual está **estacionado al pie del camino de la entrada del garaje, junto al buzón.**
9. **Le quitas el seguro** a la **puerta,** la abres, y **entras al** automóvil.
10. **Pones la llave en el contacto** y **arrancas el motor.**
11. En una mañana de invierno **helada, dejas que** el automóvil **se caliente** un rato.
12. Dejas el **motor en marcha** un rato **con la calefacción encendida.**
13. Si las ventanas están **empañadas, limpias los parabrisas delantero** y **trasero** con un **pañuelo de papel** [un Kleenex] o un **trapo.**
14. **Continúas** limpiando hasta que puedes **ver claramente a través del cristal.**

❑ ❑ ❑ ❑ ❑ ❑

Day 33 / February 2 :
Starting the Car

8 You go to the car, which is **sitting at the foot of** the **driveway by the mailbox.**

9 You **unlock** the **car door,** open the door, and **get in** the car.

10 You **put the key in the ignition** and **start the engine.**

11 On a **frosty** winter morning, you **let** the car **warm up** for a few minutes.

12 You let the **motor run** for a few minutes **with the heat turned on.**

13 If the windows are **foggy,** you **wipe** the **front** and **back windshields** with a **tissue** or a **piece of cloth.**

14 You **keep** wiping until you can **see clearly through the glass.**

❏ ❏ ❏ ❏ ❏ ❏

Día 34 / Febrero 3 :
Saliendo marcha atrás de la entrada del garaje

15. Algunas veces el parabrisas **se vuelve a** empañar.
16. **Haces el cambio** desde *estacionado* hacia *marche atrás* [*reversa*].
17. **Aprietas suavemente** el **acelerador** con el pie derecho y el automóvil comienza a moverse.
18. **Retrocedes para salir** de la entrada del garaje.
19. **Miras por** tu **(espejo) lateral** y por el **(espejo) retrovisor** para asegurarte de que otros automóviles no **vengan por la calle.**
20. Cuando **el camino está libre, retrocedes hacia la calle.**
21. Una vez que estás en la calle, **haces el cambio** *adelante*.

❏ ❏ ❏ ❏ ❏ ❏

Day 34 / February 3 :
Backing out of the Driveway

15. Sometimes the windshield just **fogs right back up again.**
16. You **shift gears** from *Park* to *Reverse.*
17. You **press gently** on the **accelerator** [pedal] with your right foot, and the car starts to move.
18. You **back out** of the driveway.
19. You **look out of** your **side-view** and **rear-view mirrors** to make sure no other cars **are coming down the street.**
20. When **the way is clear,** you **back into the street.**
21. Once you're on the street, you **shift into** *Forward* **gear.**

❑ ❑ ❑ ❑ ❑ ❑

Día 35 / Febrero 4 :
Conduciendo calle arriba

22 Conduces [Manejas] **cuesta arriba,** no **cuesta abajo**, hasta que **llegas al** final de la calle.
23 Mientras conduces **calle arriba,** pasas la calle Adams**, a tu derecha,** pero **sigues de frente** [recto].
24 Un **callejón sin salida** es una calle que **termina en un fondo de saco.**
25 Sigues de frente, hasta que llegas al **fondo de la calle.**
26 **Giras a la izquierda** en el camino Madison.
27 Otro coche **te adelanta** por la izquierda porque estás yendo muy despacio.
28 Como Madison generalmente **tiene mucho tráfico durante la hora punta** [la hora pico], **miras a ambos lados** antes de **realizar el giro a la izquierda.**

❏ ❏ ❏ ❏ ❏ ❏

Day 35 / February 4 :
Driving up the Street

22 You drive **uphill,** not **downhill,** until you **get to** [reach] the end of the street.
23 As you're driving **up the street,** you pass Adams Court **to your right,** but you **keep on going straight ahead.**
24 A **court** [cul-de-sac] is a street that **ends in a loop.**
25 You keep going straight, until you come to a **dead end.**
26 You **make a left** on Madison Road.
27 Another car **passes you** to the left, because you are going too slow.
28 Since Madison usually **has heavy traffic during rush hours,** you **look both ways** before **making the left-hand turn.**

❏ ❏ ❏ ❏ ❏ ❏

Día 36 / Febrero 5 :
Abriéndote paso por el tráfico

29 **Vas de prisa** [Te apuras] para girar **tan rápido como sea posible.**

30 **Tan pronto como** realizas el giro, **te cambias al carril derecho.**

31 **Un poco más adelante** – después de **pasar** dos casas – está la gran **intersección** del camino Madison y de la avenida Pierce.

32 **Al acercarte al** cruce, **el semáforo cambia a amarillo.**

33 Probablemente podrías **lograr pasar** con la luz amarilla antes de que cambie a roja.

34 En cambio, decides **reducir la velocidad** y parar en el semáforo para **evitar** un **accidente.**

35 La avenida Pierce es una **vía principal.**

❏ ❏ ❏ ❏ ❏ ❏

Day 36 / February 5 :
Negotiating Your Way Through Traffic

29   You **dash out** to make the turn **as quickly as possible.**
30   **As soon as** you make the turn, you **get into the right lane.**
31   **Two doors down** – after you **pass** two houses – is the big **intersection** of Madison Road and Pierce Avenue.
32   **As you're coming to** the intersection, **the light turns yellow.**
33   You could probably **make it through** the yellow light [make it through the intersection] before it turns red.
34   Instead you decide to **slow down** and stop at the light in order to **avoid** an **accident.**
35   Pierce Avenue is a **major thoroughfare.**

❏ ❏ ❏ ❏ ❏ ❏

Día 37 / Febrero 6 :
Estacionamiento

36 **Se divide** en dos **direcciones.**
37 **Giras a la izquierda** para llegar a la estación de metro.
38 Debes pagar para estacionar en el **estacionamiento** del metro.
39 Eso **exactamente aumenta tus gastos diarios.**
40 Debes **tomarlo en cuenta** al **planificar tu presupuesto diario.**
41 **Tomas el metro** hasta la **parada** más cercana a tu oficina.
42 Esa estación está **casi** al **final de la línea.**

(Continúa el día 304 / octubre 31)

❏ ❏ ❏ ❏ ❏ ❏

Day 37 / February 6 :
Parking Lot

36 It **splits off** in two **directions.**
37 You **veer to the left** to get to the Metro station.
38 You have to pay (in order) to park in the Metro **parking lot.**
39 That **just adds to your daily expenses.**
40 You have to **take it into account** in **planning your daily budget.**
41 You **take the Metro** to the **stop** nearest to your office.
42 That station is **almost** at the **end of the line.**

(Continued at Day 304 / Oct. 31)

❑ ❑ ❑ ❑ ❑ ❑

Día 38 / Febrero 7 :
Cuidando a un bebé
(Continúa del día 7 / enero 7)

1. Ambos padres se ponen de acuerdo en qué **compartirán igualitariamente** todas las **tareas necesarias** para **cuidar del** nuevo bebé.
2. Eso quiere decir que el padre deberá aprender a **cambiar pañales.**
3. Y cuando el bebé **babea,** el padre debe *limpiar* las **babas** *de* su **barbilla.**
4. El bebé está **teniendo una rabieta.**
5. ¿Está **gritando** porque tiene hambre o porque está cansado?
6. ¿O **mojó su pañal?**
7. La madre decide no **amamantar** a su pequeño.

❑ ❑ ❑ ❑ ❑ ❑

Day 38 / February 7 :
Caring for an Infant
(Continued from Day 7 / Jan. 7)

1. Both parents agree that they will **share equally** all of the **tasks required** to **care for** the new baby.
2. That means that the father will have to learn how to **change diapers.**
3. And when the baby **drools,** father has to *wipe* the **drool** *off* (of) his **chin.**
4. The baby is **having a tantrum.**
5. Is he **screaming** because he is hungry or because he is tired?
6. Or did he **wet his diaper?**
7. The mother decides not to **breast feed** her little one.

❏ ❏ ❏ ❏ ❏ ❏

Día 39 / Febrero 8 :
Alimentando al bebé

8   La madre prepara la **fórmula midiendo** el **polvo,** mezclándolo con agua, y **calentando** la botella.
9   Pone la **tetina** del **biberón** en la boca del bebé, y él comienza a **mamar.**
10 **Absorbe** algo de **aire,** por lo que su padre debe **hacerlo eructar.**
11 Papá **sostiene** al bebé contra su **hombro** y **le da palmaditas suaves** en la **espalda** hasta que **eructa.**
12 Ahora tiene **una cara de satisfacción** en su rostro.
13 Papá **hace una mueca graciosa** y el bebé **se ríe tontamente.**

❏ ❏ ❏ ❏ ❏ ❏

Day 39 / February 8 :
Feeding the Baby

8 Mother prepares the **formula** by **measuring** the **powder,** mixing it with water, and **warming** the bottle.
9 She places the **nipple** of the **baby-bottle** in the baby's mouth, and he starts **sucking.**
10 He **swallows** some **air,** so father has to **burp him.**
11 Father **holds** [rests] baby against his **shoulder** and **pats him gently** on the **back** until he **burps.**
12 Now he **has a contented look** on his face.
13 Father **makes a funny face,** and baby **giggles.**

❑ ❑ ❑ ❑ ❑ ❑

Día 40 / Febrero 9 :
Comida de bebé

14 Cuando el bebé tiene cuatro meses, empieza a comer **sus primeras comidas sólidas.**

15 Papá lo **alimenta a cucharadas** con comida para bebé de un pequeño **tarro** [jarra].

16 Es **un tipo de puré hecho de fruta.**

17 Para un adulto **se ve como pasta blanda** [puré papilla].

18 La **textura** es **pastosa** también.

19 **Aunque** el padre lo alimenta a cucharadas, el bebé **no obstante** logra **embarrarse por todas partes de** su **babero.**

20 Poco a poco, los padres *consiguen que* su hijo *deje* el **chupete** y pase de los biberones a los alimentos sólidos.

❑ ❑ ❑ ❑ ❑ ❑

Day 40 / February 9 :
Baby Food

14 When the baby is four months old, he starts to eat **his first solid foods.**
15 Father **spoon feeds** some baby food from a small **jar.**
16 It is **some kind of puree made from fruit.**
17 To an adult it just **looks like** **mush.**
18 The **texture** is **mushy** too.
19 **Even though** father spoonfeeds him, he **still** manages to **get food all over** his **bib.**
20 The parents gradually **wean** their child from baby-bottles-and-a-**pacifier** to solid-food-and-no-pacifier.

❏ ❏ ❏ ❏ ❏ ❏

Día 41 / Febrero 10 :
La hora de la siesta

21 Es la hora de la siesta.
22 Pero primero, papá tiene que cambiar los pañales – exactamente tal como lo prometió.
23 Luego pone al bebé en la cuna, pero el bebé no se quiere dormir.
24 Por lo que mamá entra al cuarto de los niños, coge al bebé, y lo mece para que se duerma.
25 Mientras lo mece, le canta una canción de cuna [nana].
26 Ahora el bebé esta profundamente dormido.

(Continúa el día 343 / diciembre 9)

❏ ❏ ❏ ❏ ❏ ❏

Day 41 / February 10 :
Nap Time

21 Now **it's time for** a **nap.**
22 But first, father has to **change the diapers** – just like he promised.
23 Then he puts the baby in the **crib,** but the baby won't go to sleep.
24 So mother goes into the **nursery (room), picks up the baby,** and **rocks him to sleep.**
25 As she rocks him, she sings a **lullaby.**
26 Now the baby is **fast asleep.**

(Continued at Day 343 / Dec. 9)

❏ ❏ ❏ ❏ ❏ ❏

Día 42 / Febrero 11 :
Relación contractual
(Continúa del día 13 / enero 13)

1. La inversora y **el dueño de la empresa firman un acuerdo trazando** todos los **términos y condiciones** de su **relación de negocios** para así evitar cualquier **malentendido** futuro.
2. Paris **no tendrá derecho** a **intervenir** en la **gestión de los asuntos** del negocio.
3. Hay una **excepción** si uno de los socios **alguna vez comete fraude** o **incumple alguna otra obligación fiduciaria.**
4. Ellos comienzan con dos **líneas de productos.**
5. Firman un contrato con un **proveedor** para producir las existencias **según la base de las necesidades del comprador.**
6. El fabricante debe producir las lámparas encargadas **dentro de un tiempo establecido después de recibir el pedido.** ❏ ❏ ❏ ❏ ❏

Day 42 / February 11 :
Contractual Relationship
(Continued from Day 13 / Jan. 13)

1. Investor and **principal sign [enter into] an agreement delineating** all of the **terms and conditions** of their **business relationship** (in order) to avoid any future **misunderstanding.**
2. Paris will **have no right to intervene** in the **management of the affairs of** the business.
3. There is an **exception** if [in the event that] one of the partners **ever commits a fraud** or **violates some other fiduciary duty.**
4. They start out with two **product lines.**
5. They enter into a contract with a **supplier** to produce the inventory **on an as-needed basis.**
6. The manufacturer must produce the lamps ordered **within a specified time after receipt of the order.**

❏ ❏ ❏ ❏ ❏ ❏

Día 43 / Febrero 12 :
Fabricación / Distribución

7   Si un número de pedidos **múltiples exceden** una cantidad específica, el fabricante **debe de disponer de un poco de tiempo extra** para producir las mercancías adicionales.
8   La **sociedad (comanditaria)** también **llega a un acuerdo con** una compañía de **marketing y de distribución.**
9   La compañía de marketing **recoge los pedidos** directamente de los clientes.
10 La compañía de marketing también se encarga de **procesar los pedidos.**
11 La compañía de distribución **acepta entregas** del fabricante.
12 **Envía los productos** a los clientes y **les factura.**
13 Las **existencias se guardan** en **el almacén** [el depósito].

❏ ❏ ❏ ❏ ❏ ❏

Day 43 / February 12 :
Manufacturing / Distribution

7. If **multiple** orders **exceed** a specified amount (of items to be produced), the manufacturer **is supposed to get some extra time** to produce the additional goods.
8. The **partnership** also **makes a deal with** a **marketing and distribution** company.
9. The marketing company **takes orders** directly from customers.
10. The marketing company also **processes orders.**
11. The distribution company **takes delivery** from the manufacturer.
12. It **ships the products** to the customers and **bills them.**
13. The **inventory** is **stored** in the **warehouse.**

❏ ❏ ❏ ❏ ❏ ❏

Día 44 / Febrero 13 :
Publicidad

14. La compañía de distribución procesa los **pagos recibidos.**
15. Acepta las **mercancías devueltas** y procesa los **reembolsos.**
16. El **siguiente paso** en el plan de negocios es **crear una página web.**
17. El sitio web **anuncia** la **línea de productos.**
18. La compañía recibe los pedidos **a través de Internet.**
19. El sitio web **solicita comentarios** y responde a las **preguntas** de los clientes a través del **correo electrónico.**
20. La sociedad también **pone anuncios** en **revistas especializadas.**

❏ ❏ ❏ ❏ ❏ ❏

Day 44 / February 13 :
Advertising

14. The distribution company processes **payments received.**
15. It accepts **returned merchandise** and processes **refunds.**
16. The **next item** on the business plan is **setting up a website.**
17. The website **advertises** the **product line.**
18. The company takes orders **over the Internet.**
19. The website **solicits feedback** and responds to **inquiries** from customers via **e-mail.**
20. The partnership also **places ads** in **trade publications.**

❏ ❏ ❏ ❏ ❏ ❏

Día 45 / Febrero 14 :
El Mercadeo [La Mercadotecnia]

21. Los anuncios **ofrecen** a los **minoristas muestras gratuitas.**
22. Los minoristas también **disfrutan de atractivos descuentos** cuando hacen pedidos de diez artículos o más.
23. Luego de un **comienzo lento,** las ventas **empiezan a repuntar,** y luego **despegan.**
24. **El hecho es que** estas lámparas son **más populares** de lo que nadie originalmente **imaginó** que podrían ser.
25. Una **investigación del mercado,** la cual **toma en consideración** los **datos** de los clientes, muestra que las lámparas son **particularmente populares** para los abuelos.
26. **Parece que** los abuelos las compran como regalos para sus nietos.
27. Por lo tanto Turner y Grates **modifican** su **estrategia de marketing** para tomar esto en cuenta.

❏ ❏ ❏ ❏ ❏ ❏

Day 45 / February 14 :
Marketing

21. The ads **offer retailers free samples.**
22. Retailers are also **eligible for attractive discounts** on orders of ten items or more.
23. After a **slow start** sales **begin to pick up** and then **take off.**
24. **As a matter of fact,** these lamps are **more popular** than anyone originally **imagined** they would be.
25. A **market research study,** which **takes into account** customer **data,** shows that the lamps are **particularly popular** with grandparents.
26. **It seems** (that) the grandparents buy them as gifts for their grandchildren.
27. So Turner and Grates **adjust** their **marketing strategy** to take this into account.

❏ ❏ ❏ ❏ ❏ ❏

Día 46 / Febrero 15 :
Compañía cerrada

28 Ellos **centran** sus esfuerzos publicitarios en este **segmento especializado** del mercado.
29 Ellos incluso ponen anuncios en **publicaciones** con un **alto nivel de lectores jubilados.**
30 Es **en este punto** que los socios **incorporan** el negocio.
31 "Lámparas para Niñitos Inc." se convierte en una **compañía cerrada.**
32 Una compañía cerrada es una empresa con un número **reducido** de **accionistas** [de proprietarios de participaciones].
33 No **se cotiza en la bolsa** y la transmisión de sus **acciones** [participaciones] está **restringida.**

❏ ❏ ❏ ❏ ❏ ❏

Day 46 / February 15 :
Closely-Held Corporation

28. They **focus** their advertising efforts on this **specialized segment** of the market.
29. They even place ads in **publications** with **high retiree readerships.**
30. It is **at this point** that the partners **incorporate** the business.
31. "Kiddie Lamps, Inc." becomes a **closely-held [close] corporation.**
32. A close corporation is a company with a **limited** [restricted] number of **shareholders.**
33. It is not **publicly traded,** and transmission of its **shares** is **restricted** [subject to restrictions].

❏ ❏ ❏ ❏ ❏ ❏

Día 47 / Febrero 16 :
Acciones en circulacíon / Juego de piezas para armar

34 Hay un total de 100 **acciones en circulación** en la corporación, pertenecientes a los inversores originales y sus familiares.

35 Las acciones pertenecientes a **menores de edad se mantienen en fideicomiso** hasta que cada uno **llegue a la mayoría de edad.**

36 Cada lámpara viene en un **hazlo-tu-mismo juego de piezas para armar.**

37 Tú **sólo sigues las instrucciones** para **armar la lámpara.**

38 **Sólo asegúrate** de no **perder ningún tornillo** cuando abres **la bolsita de plástico.**

39 **De lo contrario,** tendrás que **contactar a la compañía** para obtener **piezas de repuesto.**

(Continúa el día 268 / septiembre 25)

❏ ❏ ❏ ❏ ❏ ❏

Day 47 / February 16 :
Shares Outstanding / Assembly Kit

34 There are a total of 100 **shares outstanding** in the corporation, owned by the original investors and members of their families.

35 The shares owned by **minors** are **held in trust** until each **reaches the age of majority.**

36 Each lamp comes in a **do-it-yourself assembly kit** [self-assembly kit].

37 You **just follow the instructions** in order to **put the lamp together.**

38 **Just make sure** you don't **lose any of the screws** when you open up the little **plastic packet.**

39 **Otherwise** you will have to **contact the company** for **replacement pieces.**

(Continued at Day 268 / Sept. 25)

❑ ❑ ❑ ❑ ❑ ❑

Día 48 / Febrero 17 :
Ropa informal contra atuendo de oficina
(Continúa del día 336 / diciembre 2)

1. En días de trabajo, debes vestir **atuendo de oficina.**
2. En los fines de semana o los **días de descanso, usas ropa informal.**
3. **Tan sólo te pones** unos vaqueros [jeans] y una **sudadera.**
4. Debido a que la sudadera está hecha de **algodón, se encogió** cuando la pusiste en la **secadora sin querer.**
5. Si el tiempo está **suficientemente templado,** vistes **pantalones cortos** y una **camiseta.**
6. Eliges un **conjunto apropiado** para el día.
7. La camisa **debe ir con** el **traje.**

❑ ❑ ❑ ❑ ❑ ❑

Day 48 / February 17 :
Casual Versus Business Attire
(Continued from Day 336 / Dec. 2)

1. On work days, you have to wear **business attire.**
2. On weekends or on **days off,** you **dress casual.**
3. You **just throw on** some jeans and a **sweatshirt.**
4. Because the sweatshirt is made of **cotton,** it **shrank** when you put it in the **dryer by mistake.**
5. If the weather is **warm enough,** you wear **shorts** and a **tee shirt.**
6. You select an **appropriate outfit** for the day.
7. The shirt has **to go with** the **suit.**

❑ ❑ ❑ ❑ ❑ ❑

Día 49 / Febrero 18 :
Vistiéndose

8. La **chaqueta (americana)** y los pantalones **deben hacer juego** [combinar].
9. **Te pones** los **pantalones de vestir.**
10. **Sentado al borde** de la cama te pones los **calcetines** y los zapatos.
11. Mientras **te atas los zapatos,** uno de los **cordones se rompe.**
12. **Maldices entre dientes** porque **ya vas retrasado.**
13. Tú no necesitas **más retraso, por leve que sea.**
14. **Afortunadamente,** tienes un **par adicional** de cordones en el **cajón superior de la cómoda** [guardaropa].

❏ ❏ ❏ ❏ ❏ ❏

Day 49 / February 18 :
Getting Dressed

8 The jacket and the pants have to match.
9 You put on your slacks.
10 Sitting on the edge of the bed, you put on your socks and your shoes.
11 As you are tying your shoes, one of the laces breaks off.
12 You curse to yourself, because you're already running late.
13 You don't need this extra delay, albeit minor.
14 Fortunately, you have an extra pair of shoe laces in the top dresser drawer.

❏ ❏ ❏ ❏ ❏ ❏

Día 50 / Febrero 19 :
Pantalones y camisas

15. **Desafortunadamente,** tus zapatos son marrones pero el otro par de cordones es negro.
16. **Con suerte, nadie lo notará.**
17. **Te levantas** y te **cierras la cremallera** (de los pantalones).
18. Te pones un **cinturón.**
19. Te pones tu camisa y la **abotonas.**
20. Mientras la abotonas, te das cuenta de que **te falta** uno de los **botones del cuello,** por lo que no puedes ponerte esa camisa.
21. Deberás **mandarla a la costurera** [al sastre], y **hacer que te cosan un botón nuevo.**

(Continúa el día 68 / marzo 9)

❏ ❏ ❏ ❏ ❏ ❏

Day 50 / February 19 :
Pants and Shirt

15 **Unfortunately,** your shoes are brown, but the spare pair of shoe laces is black.
16 **Hopefully, no one will notice.**
17 You **stand up** and **zip up your pants.**
18 You put on a **belt.**
19 You put on your shirt and **button it.**
20 As you're buttoning, you realize that one of the **collar buttons came off,** so you can't wear that shirt.
21 You'll have to **take it to the tailor** and **have them sew on a new button.**

(Continued at 68 / Mar. 9)

❏ ❏ ❏ ❏ ❏ ❏

Día 51 / Febrero 20 :
Jardín
(Continúa del día 327 / noviembre 23)

1. Tu casa **está en** una especie de colina.
2. El jardín trasero **está cuesta arriba.**
3. En lo alto de la colina está la **propiedad** de tu vecino.
4. Tú no sabes exactamente dónde está **el lindero.**
5. Su casa **tiene vista a** la tuya.
6. Su casa está **más elevada.**
7. El jardín está **diseñado** [ajardinado] y la colina está **en terrazas** (bancales).

❏ ❏ ❏ ❏ ❏ ❏

Day 51 / February 20 :
Yard
(Continued from Day 327 / Nov. 23)
1. Your house **is on a sort of hill** [hillock].
2. The back yard **slopes upwards.**
3. At the top of the hill is the your neighbor's **property.**
4. You don't know exactly where the **property line** is.
5. Their house **looks over** [overlooks] yours.
6. Their house is **higher up.**
7. The yard is **landscaped,** and the hill is **terraced.**

❏ ❏ ❏ ❏ ❏ ❏

Día 52 / Febrero 21 :
Vecinos

8   Tú **solías ser cercano** a la gente que **vivía al lado.**
9   Luego **se mudaron.**
10 **No eres tan cercano** a la nueva gente que **vino.**
11 **Casi nunca** los ves.
12 Tu casa **está frente a** la calle [da a la calle].
13 La gente que vive en la casa **justo al frente** son buenos amigos tuyos.
14 La casa ubicada **diagonalmente al frente, calle abajo** a la izquierda, está **desocupada** y **a la venta.**

❏ ❏ ❏ ❏ ❏ ❏

Day 52 / February 21 :
Neighbors

8   You **used to be close to** [close friends of] the people who **lived next door.**
9   Then they **moved away.**
10 **You're not as close** to the new people who **moved in.**
11 You **hardly ever** see them.
12 Your house **faces** the street.
13 The people who live in the house **right across the street** are your good friends.
14 The house **diagonally across** the street, **down(ward)** [downhill] to the left, is **unoccupied** and **for sale.**

❑ ❑ ❑ ❑ ❑ ❑

Día 53 / Febrero 22 :
Cuando pierdes las llaves

15. Tus vecinos te **dejan** un **juego de llaves** duplicado en caso de que pierdan u olviden las suyas y **se queden fuera sin llaves.**
16. Tú les **haces este favor.**
17. Ellos **harían lo mismo** por ti.
18. Una vez **estabas haciendo jogging** y **en algún momento** (durante la carrera) las llaves *se* te **debieron haber** *caído del* bolsillo.
19. Afortunadamente tus vecinos estaban en casa **en ese momento.**
20. Al día siguiente fuiste a un **cerrajero.**
21. Tú **mandaste a hacer un nuevo juego** para **reemplazar** el que perdiste.

❑ ❑ ❑ ❑ ❑ ❑

Day 53 / February 22 :
Losing Your Keys

15 Your neighbors **keep** a **spare set of keys** with you **in case (that)** they lose or forget their own set and **get locked out.**
16 You **do this favor for** them.
17 They **would do the same** (favor) for you.
18 Once you **went jogging,** and **at some point** (during your run) the keys **must have fallen out of** your pocket.
19 Fortunately your neighbors were (at) home **at the time.**
20 The next day you went to a **locksmith.**
21 You **had a new set made** to **replace** the set you lost.

❑ ❑ ❑ ❑ ❑ ❑

Día 54 / Febrero 23 :
La puerta del garaje

22 **Probaste** el nuevo juego de llaves y, **en efecto, funcionan bien.**
23 Tú no creíste que **en verdad** fuera necesario **cambiar la cerradura** porque si alguien encuentra las llaves perdidas no sabrá a qué casa pertenecen.
24 En tu jardín hay varios árboles, **una hilera de arbustos,** y un **parterre de flores.**
25 Si la **puerta automática del garaje** no funciona, debes **subir o bajar la puerta con tus propias manos.**
26 Es **bastante pesada,** y algunas veces **se queda atascada** cuando hace **mal tiempo.**
27 Una persona mayor podría **romperse la espalda** intentando abrir o cerrar la puerta.

(Continúa el día 152 / junio 1)

❏ ❏ ❏ ❏ ❏ ❏

Day 54 / February 23 :
Garage Door

22 You **tested out** the new set of keys, and, **sure enough, they worked alright.**
23 You didn't feel that it was necessary to **actually change the lock,** because if someone finds the lost keys they won't know which house they belong to.
24 In your front yard there are several trees, a **row of bushes,** and a **flower bed.**
25 If the **automatic garage door opener** is broken, you have to **pull the door up or down all by yourself.**
26 It's **quite heavy,** and sometimes it **gets stuck** during **bad weather.**
27 An older person could **break his back** trying to open or shut the door.

(Continued at Day 152 / June 1)

❏ ❏ ❏ ❏ ❏ ❏

Día 55 / Febrero 24 :
Haciendo café instantáneo

1. El **café instantáneo** es **granulado,** y **viene en** un tarro [una jarra] de cristal.
2. Viertes agua **hirviendo** en una **taza.**
3. **Sacas** una **cucharada colmada** de café del tarro, y **lo mezclas** con el agua.
4. Una cucharada de té colmada hará una **taza cargada.**
5. Una menor cantidad hará una **taza menos cargada.**
6. Si te gusta el café **menos cargado,** usas sólo una **cucharada de té rasa.**
7. Luego le agregas crema y un poco de azúcar o **edulcorante artificial.**

❑ ❑ ❑ ❑ ❑ ❑

Day 55 / February 24 :
Making Instant Coffee

1. **Instant coffee** is **granulated** and **comes in a glass jar.**
2. You pour **boiling-hot** water into a **mug.**
3. You **scoop** a **heaping teaspoon-full** of coffee from the jar and **stir it in** to the water.
4. A heaping teaspoon will make a **strong cup.**
5. A smaller amount will make a **weaker cup.**
6. If you like your coffee (to be) **lighter,** you use only a **level teaspoon.**
7. Then you add some cream and some sugar or **artificial sweetener.**

❑ ❑ ❑ ❑ ❑ ❑

Día 56 / Febrero 25 :
Añadiendo un poco de crema

8 La crema viene en un **envase** hecho de **cartón recubierto de cera.**
9 La **capa** de cera previene que el líquido **traspase** [se cuele].
10 La **apertura** superior del cartón **se dobla hacia fuera** para **formar** un **pico triangular** cuando lo abres.
11 **Compruebas la fecha de caducidad** en el envase [la recipiente].
12 No quieres beberla si está **cortada** o **mala.**
13 Ves que la crema está **buena** por **otros** diez días.
14 **Doblas hacia fuera** ambos lados del **pico** y **presionas para abrirlo.**
❑ ❑ ❑ ❑ ❑ ❑

Day 56 / February 25 :
Adding Some Cream

8. The cream comes in a **carton** made of **wax-coated** cardboard.
9. The wax **coating** prevents the liquid from **seeping through.**
10. The **mouth** (of the carton) [the opening (of the carton)] **folds outward** to **form** a **peak**-shaped [triangular] **spout** when you open it.
11. You **check the expiration date** on the container.
12. You don't want to use it if it is **curdled** or has **gone bad.**
13. You see that the cream is **good** [usable] for **another** ten days.
14. You **fold back** both sides of the **flap** and **push open** the spout.

❑ ❑ ❑ ❑ ❑ ❑

Día 57 / Febrero 26 :
Añadiendo azúcar

15. El azúcar se guarda en un **azucarero** pequeño de **porcelana.**
16. Es una **pieza bastante delicada** con dos **finas asas delgadas.**
17. Es **tan frágil** que no lo lavas en el **lavavajillas** [lavaplatos].
18. Le quitas la **tapa.**
19. Si se te cae la tapa y estás **descalzo,** los **fragmentos** podrían **cortarte** los pies.
20. **Introduces** la cuchara en el azúcar.
21. Tomas una **cucharada rasa** y *la añades* al café *revolviéndolo* hasta **disolverla.**

(Continúa el día 182 / julio 1)

❏ ❏ ❏ ❏ ❏ ❏

Day 57 / February 26 :
Adding Some Sugar

15   The sugar is kept [You keep the sugar] in a small **porcelain sugar bowl.**
16   It's a **rather delicate piece,** with two **thin, delicate handles.**
17   It's **so fragile** that you don't wash it in the **dishwasher.**
18   You take off [remove] the **lid.**
19   If you drop the lid and you are **barefoot,** the **shards** could **cut** your feet.
20   You **dip** your spoon into the sugar.
21   You take a **level spoonful** and **stir it in** to the coffee until it **dissolves.**

(Continued at Day 182 / July 1)

❏ ❏ ❏ ❏ ❏ ❏

Día 58 / Febrero 27 :
Planes cancelados

1. Vladimir y Jacques tienen **planes provisionales** de **reunirse** esta noche.
2. Los planes provisionales **no son firmes.**
3. Están **sujetos a cambios.**
4. Jacques **canceló en el último momento** porque **simplemente no se sentía con ganas de salir.**
5. Él **no dió ninguna razón más concreta.**
6. Ahora es **demasiado tarde** para hacer **otros planes** con alguien más.
7. **Por lo que** Vladimir **no tiene nada para hacer** esta noche.

❑ ❑ ❑ ❑ ❑ ❑

Day 58 / February 27 :
Canceled Plans

1. Vladimir and Jacques had **tentative plans** to **meet up** tonight.
2. Tentative plans are **not written in stone.**
3. They are **subject to change.**
4. Jacques **canceled at the last minute,** because he **just didn't feel up to going out.**
5. He **didn't give a more specific reason.**
6. Now it's **too late** to make **alternative plans** with someone else.
7. **So** Vladimir **has nothing to do** tonight.

❑ ❑ ❑ ❑ ❑ ❑

Día 59 / Febrero 28 :
Amigo poco fiable

8 Vladimir se siente **frustrado,** pero **por lo menos** Jacques lo llamó **para avisarle.**

9 **No obstante,** Jacques no es muy **cumplidor** [fiable].

10 **Es como si** contara con que sus amigos estén **listos y esperando** para así decidir en el último minuto si quiere hacer algo o no.

11 Es difícil **mantener una amistad** con Jacques.

12 Vladimir está **comenzando a preguntarse** si **merece la pena el esfuerzo.**

13 Debes **tratar** a tus amigos **con respeto.**

14 Y debes ser **leal** y **considerado con sus sentimientos.**

❏ ❏ ❏ ❏ ❏ ❏

Day 59 / February 28 :
Unreliable Friend

8. Vladimir is **frustrated,** but **at least** Jacques called **to let him know.**
9. **Nevertheless,** Jacques isn't very **dependable.**
10. **It's as if** he expects his friends to be **ready and waiting** so that he can decide at the last minute whether he wants to do something.
11. It's hard to **maintain a friendship** with Jacques.
12. Vladimir is **beginning to wonder** if it's **worth the effort.**
13. You must **treat** your friends **with respect.**
14. And you must be **loyal** and **considerate of their feelings.**

❏ ❏ ❏ ❏ ❏ ❏

Día 60 / Marzo 1 :
Encontrando la estación de metro
(Continúa del día 304 / octubre 31)

1. Hay una **señal prominente que identifica** [señaliza] la estación de metro.
2. Es una **columna** marrón grande con una "M" grande y blanca en la parte superior.
3. Es **bastante** fea.
4. **Bajas** por las **escaleras mecánicas.**
5. **Te llevan al subterráneo.**
6. **Fijado [Pegado] en** la pared hay un gran **mapa iluminado** que muestra el sistema de metro completo, el cual incluye **autobuses de conexión** [de enlace] que **conectan** [enlazan] las paradas [estaciones] del metro a las **áreas [zonas] alejadas.**
7. Compras un billete de la **máquina automática** [expendedora].

❏ ❏ ❏ ❏ ❏ ❏

Day 60 / March 1 :
Finding the Metro Station
(Continued from Day 304 / Oct. 31)

1. There's a **prominent sign identifying** the Metro station.
2. It's a big brown **column** with a big white "M" at the top.
3. It's **quite** ugly.
4. You **go down** the **escalator.**
5. It **takes you underground** [below the ground level].
6. **Posted on** [Affixed to] the wall is a big **illuminated map** showing the entire Metro system, which includes **connector buses** that **link** the Metro [subway] stops to the **outlying areas.**
7. You purchase a ticket from the **vending machine.**

❏ ❏ ❏ ❏ ❏ ❏

Día 61 / Marzo 2 :
Comprando un billete en el metro

8   La **tarifa** es $2,20 [dos-veinte] **durante la hora punta** [la hora pico], y $1,60 [uno-sesenta] durante las horas regulares.

9   Como es hora punta, pones tres **billetes** de dólar en la **ranura.**

10 La cantidad de dinero que **insertaste,** $3,00 [tres dólares], aparece un una pequeña **pantalla (visual).**

11 Si un billete no está en buena condición – si está **roto** o **estrujado** – la máquina no lo aceptará.

12 *Expulsará* el billete **rechazado** *de vuelta.*

13 **Aprietas [Presionas] un botón** debajo de la pantalla para disminuir la cantidad que quieres en tu **tarjeta de metro.**

❏ ❏ ❏ ❏ ❏ ❏

Day 61 / March 2 :
Purchasing a Ticket on the Metro

8   The **fare** is $2.20 [two-twenty] **during rush hours,** and $1.60 one-sixty] during non-rush hours.

9   Since it's rush hour, you put three dollar **bills** into the **slot.**

10   The amount of money you **inserted,** $3.00 [three dollars], appears on a small **display screen.**

11   If a bill is not in good condition – if it is **torn** or **crumpled** – the machine will not accept it.

12   It will *shoot* the **rejected** bill *right back out at you.*

13   You **press a button** under the screen to lower the amount you want on your **fare card.**

❏ ❏ ❏ ❏ ❏ ❏

Día 62 / Marzo 3 :
Pasando por el torniquete.

14 Cada vez que aprietas el botón, la cantidad **disminuye en cinco centavos.**

15 Cuando la cantidad disminuye hasta $2,20 [dos-veinte], aprietas otro botón, y la tarjeta **emerge** [salta] de una ranura.

16 La máquina **expulsa** la tarjeta de metro con la cantidad **impresa en ella.**

17 **Instantáneamente,** el **cambio,** en este caso 80¢ [ochenta centavos], **cae en otra** ranura.

18 **Una vez que tienes** tu tarjeta de metro y tu cambio, marchas hacia el **torniquete.**

19 Insertas la tarjeta de metro en una ranura **al frente del** torniquete.

20 Inmediatamente, la tarjeta **salta por** otra ranura en la parte de arriba del torniquete.

❏ ❏ ❏ ❏ ❏ ❏

Day 62 / March 3 :
Going Through the Turnstile

14 Each time you press the button, the amount **goes down by (the amount of) a nickel** [five cents].

15 When the amount goes down to $2.20 [two-twenty], you press another button, and the fare card **pops out** of a slot.

16 The machine **spits out** the fare card, with the amount **printed on it.**

17 **Instantaneously,** the **change,** in this case 80¢ [eighty cents], **drops into yet another** slot.

18 **Once you have** your fare card and your change, you go to the **turnstile.**

19 You put the fare card into a slot **on the front side of** the turnstile.

20 Immediately, the card **shoots out of** another slot on top of the turnstile.

❏ ❏ ❏ ❏ ❏ ❏

Día 63 / Marzo 4 :
En el andén

21 El torniquete **se abre,** permitiéndote **pasar.**
22 Asegúrate de tener una **tarjeta [pase] de trasbordo** de la **máquina expendedora.**
23 De este modo sólo tendrás que pagar una **cantidad mínima** (por tu tarifa de autobús) si coges el conectador para alcanzar tu destino.
24 **Avanzas hasta otra nueva** escalera mecánica.
25 Ésta se dirige hacia el **andén del subterráneo.**
26 El **tren hacia el centro** viene del lado izquierdo de la plataforma.
27 Las personas que están esperando en el lado derecho **van hacia fuera de** la ciudad.

(Continúa el día 84 / marzo 25)

❑ ❑ ❑ ❑ ❑ ❑

Day 63 / March 4 :
On the Platform

21 The turnstile **unlocks,** allowing you to **walk through.**
22 Be sure to get a **transfer ticket** from the **dispenser machine.**
23 That way you will only have to pay a **nominal amount** (for your bus fare) if you take a connector bus to (reach) your final destination.
24 You **proceed to yet another** escalator.
25 This one leads to the **subway platform.**
26 The **downtown train** [train heading towards downtown] comes on the left side of the platform.
27 People waiting on the right side are **going away from** the city.

(Continued at Day 84 / Mar. 25)

❏ ❏ ❏ ❏ ❏ ❏

Día 64 / Marzo 5 :
Un peleón en el patio de recreo
(Continúa del día 344 / diciembre 10)
1. Tu hijo **viene a casa** de la escuela **enfurruñado.**
2. **Se ve desaliñado** como si hubiese **estado en una pelea.**
3. ¿Cuál es el problema? **¿Sucedió algo** en el colegio?"
4. **Resulta que** hay un **peleón** [abusón] [abusador] en su clase.
5. Él **se mete con** otros niños en el **patio (de recreo)** durante el **recreo.**
6. La profesora responsable de **supervisar** las actividades durante el recreo **hace la vista gorda** porque se siente **intimidada.**
7. Los padres del peleón **lo castigan** y **hacen que se disculpe.**

(Continúa el día 94 / abril 4)

❏ ❏ ❏ ❏ ❏ ❏

Day 64 / March 5 :
A Bully on the Playground
(Continued from Day 344 / Dec. 10)

1. Your son **comes home** from school **sulking.**
2. He **looks disheveled,** as if he has **been in a fight.**
3. "What's the matter? **Did something happen** at school?"
4. **It turns out that** there is a **bully** in his class.
5. He **picks on** other kids on the **playground** during **recess.**
6. The teacher responsible for **monitoring** activities on the playground during recess **turns a blind eye to it,** because she is [feels] **intimidated.**
7. The bully's parents **punish him** and **make him apologize.**

(Continued at Day 94 / Apr. 4)

❏ ❏ ❏ ❏ ❏ ❏

Día 65 / Marzo 6 :
Cotizando en la bolsa
(Continúa del día 268 / septiembre 25)

1. A pesar de que la compañía es **exitosa** y los inversores **se están forrando** [enriqueciendo], **los fundadores iniciales** (de la compañía) no están felices.
2. Originalmente, ellos **querían divertirse.**
3. Querían **expresar su creatividad.**
4. Pero las **exigencias cotidianas** de **dirigir un creciente negocio exitoso** comienza a **sobrecargarlos.**
5. ¿Por qué no dejar que **algunas personas con experiencia gerencial** dirijan el negocio, por lo que ellos así podrían centrarse en los asuntos de creatividad?
6. Deciden por primera vez **cotizar en la bolsa** [salir en bolsa].
7. Un banco de inversiones **está ocupandose de la oferta pública inicial.**

❑ ❑ ❑ ❑ ❑ ❑

Day 65 / March 6 :
Going Public
(Continued from Day 268 / Sept. 25)

1. Although the company is **successful** and the investors **are raking it in,** the **original founders** (of the company) are not happy.
2. Originally they **wanted to have fun.**
3. They wanted to **express their creativity.**
4. But the **day-to-day demands** of **running a growing, successful business** begin to **weigh them down.**
5. Why not let **some management types** manage the business, so that they can focus on creative matters?
6. They decide to **go public.**
7. The **initial public offering** is **being handled by** an investment house [investment bank].

❏ ❏ ❏ ❏ ❏ ❏

Día 66 / Marzo 7 :
Reduciendo gastos

8. La nueva gerencia comienza a **descuidar la calidad de manera chapucera** para **aumentar** los **beneficios a corto plazo.**
9. **Gradualmente,** los clientes comienzan a darse cuenta de que la calidad de las lámparas **no es lo que solía ser.**
10. La **falta de visión** de la gerencia ha destruído **el prestigio comercial** [fondo de comercio] de la compañía.
11. A medida que las ventas **continúan disminuyendo con el tiempo,** la compañía ya no puede **efectuar los pagos a tiempo** a los **proveedores, vendedores** y otros **acreedores.**
12. Una **petición de quiebra es presentada** en el juzgado.
13. El tribunal **impone** un **plan de recuperación** [rehabilitación], bajo el cual los pagos de la compañía **se reducirán** y **extenderán en tiempo.**

❏ ❏ ❏ ❏ ❏ ❏

Day 66 / March 7:
Cutting Corners

8 The new management begins to **cut corners on quality** [to take shortcuts] in order to **beef up short-term profits.**

9 **Gradually,** the customers begin to realize that the quality of the lamps **isn't what it used to be.**

10 Management's **shortsightedness** has destroyed the company's **goodwill.**

11 As sales **continue to go down over time,** the company can no longer **make its payments in a timely manner** [when due] to **suppliers, vendors,** and other **creditors.**

12 An **insolvency petition is filed** in court.

13 The court **imposes** a **rehabilitation plan** under which the company's payments **are to be reduced** in amount and **extended over time.**

❏ ❏ ❏ ❏ ❏ ❏

Día 67 / Marzo 8 :
En quiebra

14 Debido a la **publicidad adversa** y la **pérdida de confianza de los clientes,** las ventas **no repuntan.**

15 El plan de recuperación **falla en mejorar** la situación, **por lo que** la compañía **entra en bancarrota** [quiebra].

16 **Ahora que** la compañía está en bancarrota, los **activos restantes** de la empresa **son liquidados.**

17 Las **recaudaciones** de las ventas **son distribuídas** entre los acreedores.

18 Los acreedores **sólo obtienen 10¢ [céntimos] por cada dólar al que tienen derecho.**

19 Irónicamente, ahora que la compañía **ha quebrado,** las lámparas de "Lámparas para Niñitos" se han convertido en **valiosas piezas de coleccionista.**

20 Como **artefactos raros,** han aumentado en valor.

(Continúa el día 120 / abril 30)

❏ ❏ ❏ ❏ ❏ ❏

Day 67 / March 8 :
Going out of Business

14. Due to the **adverse publicity** and the **loss of consumer confidence,** sales **do not pick up.**
15. The rehabilitation plan **fails to ameliorate** the situation, **so** the company **goes into full bankruptcy.**
16. **Now that** the company is bankrupt, the company's **remaining assets are sold off.**
17. The **proceeds** of the sale **are distributed** to the creditors.
18. The creditors **only get 10¢ [ten cents] for each dollar to which they are entitled** [that they are owed].
19. Ironically, now that the company **has gone under,** "Kiddie Lamp" lamps have become **valuable collector's items.**
20. As **rare artifacts,** they have increased in value.

(Continued at Day 120 / Apr. 30)

❑ ❑ ❑ ❑ ❑ ❑

Día 68 / Marzo 9 :
Atándote la corbata
(Continúa del día 50 / febrero 19)
1. Te pones frente al **espejo de cuerpo entero,** y te pones la corbata.
2. Primero, **te subes el cuello** (de la camisa).
3. Luego, **colocas la corbata alrededor de tu cuello** de modo que **la punta más ancha de la corbata apenas toque** la **cintura.**
4. **Te bajas el cuello sobre la corbata,** y **te haces el nudo** [te la atas].
5. La anudas [atas] **firmemente** pero **no demasiado apretada.**
6. Quieres poder **respirar.**
7. Te **metes la camisa por dentro** (de los pantalones).

(Continúa el día 299 / octubre 26)

❏ ❏ ❏ ❏ ❏ ❏

Day 68 / March 9 :
Tying Your Tie
(Continued from Day 50 / Feb. 19)

1. You stand in front of the **full-length mirror** and put on your tie.
2. First, you **pull up your collar.**
3. Then, you **wrap the tie around your neck** so that the **bottom tip of the tie just hits** the **waistline.**
4. You **fold the collar back down over the tie** and **tie the tie.**
5. You tie it **firmly,** but **not too tight.**
6. You want to be able **to breathe.**
7. You **tuck your shirt in.**

(Continued at Day 299 / Oct. 26)

❏ ❏ ❏ ❏ ❏ ❏

Día 69 / Marzo 10 :
Listo para salir
(Continúa del día 130 / mayo 10)

1. **Revisas tu billetera** para asegurarte de que tienes suficiente dinero para el día.
2. También quieres asegurarte de tener tu **tarjeta de teléfono,** el **pase de seguridad** del edificio de tu oficina, y el **pase del metro** en tu billetera.
3. Pones la billetera en el **bolsillo delantero derecho** y las llaves en el bolsillo izquierdo.
4. **Descuelgas la chaqueta de la percha** [del gancho] en el armario, y **te la cuelgas al hombro.**
5. Ahora estás **presentable.**
6. Tienes ese **sofisticado "aire de poder".**
7. Estás listo para **enfrentarte al mundo.**

(Continúa el día 32 / febrero 1)

❏ ❏ ❏ ❏ ❏ ❏

Day 69 / March 10 :
Ready to Head out the Door
(Continued from Day 130 / May 10)
1. You **check your wallet** to make sure (that) you have enough cash for the day.
2. You also want to make sure that you have your **phone card,** your office building **security pass,** and your **Metro pass** in your wallet.
3. You put the wallet in your **front right pocket,** and your keys in your left pocket.
4. You **take the jacket off the hanger** in the closet and **throw it over your shoulder.**
5. Now you look **presentable.**
6. You have that **sophisticated "power look."**
7. You're ready to **take on the world.**

(Continued at Day 32 / Feb. 1)

❏ ❏ ❏ ❏ ❏ ❏

Día 70 / Marzo 11 :
Guerra revolucionaria

1. "La Protesta del Té en Boston" de 1773 fue una **protesta** en contra de los **altos impuestos** Británicos sobre el té **importado.**
2. Los **manifestantes se vistieron como** indios, y **arrojaron** el té de un barco **anclado** en el **puerto** de Boston.
3. Los Representantes de las **colonias convocaron** al "Primer Congreso **Continental,"** en el cual acordaron **boicotear** los productos Británicos.
4. El Rey Jorge III [tercero] declaró que la convocatoria al Congreso era un **acto de rebelión.**
5. La guerra entre Inglaterra y sus colonias **siguió.**
6. Los "Casacas Roja" **estaban mejor armados** que los **colonos.**
7. Los generales **rebeldes dirigieron** el **esfuerzo bélico.**

❑ ❑ ❑ ❑ ❑ ❑

Day 70 / March 11 :
Revolutionary War

1. The "Boston Tea Party" of 1773 was a **protest** against *heavy* British *taxes* on **imported** tea.
2. The **protesters dressed up as** Indians and **dumped** the tea off of a ship **anchored** in the Boston **harbor.**
3. Representatives of the **colonies convened** the "First **Continental** Congress," at which they agreed to **boycott** British products.
4. King George III [the Third] declared that the convening of the Congress was an **act of rebellion.**
5. War between England and her colonies **ensued.**
6. The "Red Coats" **were better armed** than the **colonists.**
7. The **rebels'** generals **directed** the **war effort.**

❏ ❏ ❏ ❏ ❏ ❏

Día 71 / Marzo 12 :
Declaración de la independencia

8. En julio de 1776 [mil setecientos setenta y seis] el Congreso **declaró la independencia.**
9. El nuevo gobierno **delegó en** Thomas Jefferson la **tarea** de **redactar un borrador** de la declaración oficial.
10. La Declaración **proclamaba** que "todos los hombres **nacemos iguales**" y tenemos **"ciertos derechos inalienables."**
11. "Inalienable" significa que nadie puede **quitártelos** sin el **"debido proceso judicial."**
12. Estos "derechos inalienables" incluyen "la Vida, la Libertad y la **Búsqueda de la Felicidad."**
13. Despues de las **derrotas iniciales en manos de** los británicos, **las cosas cambiarón** en la **Batalla** de Yorktown en 1781 [mil setecientos ochenta y uno] cuando los rebeldes lograron una **victoria decisiva.**

❏ ❏ ❏ ❏ ❏ ❏

Day 71 / March 12 :
Declaration of Independence

8. In July of 1776 [seventeen seventy-six] the Congress **declared independence.**
9. The new government **delegated to** Thomas Jefferson the **task** of **drafting** the official declaration.
10. The Declaration **proclaimed** that "all men are **created equal"** and have **"certain inalienable rights."**
11. "Inalienable" means that no one can **take them away** [deny them to you] without **"due process of law."**
12. These "inalienable rights" include "Life, Liberty, and the **Pursuit of Happiness."**
13. After **initial defeats at the hands of** the Brits, **the tide turned** at the **Battle** of Yorktown in 1781, [seventeen eighty-one] when the rebels achieved a **decisive victory.**

❏ ❏ ❏ ❏ ❏ ❏

Día 72 / Marzo 13 :
Cena
(Continúa del día 22 / enero 22)

1. Vas a tener una **cena formal** esta noche en el **comedor.**
2. **Eres el anfitrión** de la cena.
3. *Tienes a* ocho personas *en tu casa,* **dos parejas** además de **cuatro de tu familia.**
4. Pero, la mesa del comedor solamente **tiene cabida para seis.**
5. Sólo seis personas **caben en la mesa.**
6. **La buena noticia es** que la mesa es **extensible.**

❏ ❏ ❏ ❏ ❏ ❏

Day 72 / March 13 :
Dinner Party
(Continued from Day 22 / Jan. 22)

1. You are having [are going to have] a **formal dinner party** in the **dining room** tonight.
2. **You're hosting** the dinner party.
3. You're *having* eight people *over,* **two couples** in addition to your **family of four.**
4. But the table in the dining room **only seats six.**
5. Only six people **can fit around the table.**
6. **The good news is** that [On the positive side,] the table is **expandable.**

❏ ❏ ❏ ❏ ❏ ❏

Día 73 / Marzo 14 :
Mesa de comedor extensible.

7. La mesa está hecha de una **lujosa madera de cerezo.**
8. *Tiras* de ambos lados *para que se abra.*
9. **Insertas la hoja** en el espacio del medio.
10. Esta hoja tiene **clavijas** [tacos de madera] que **encajan en agujeros** a los lados de los (dos) **extremos** de la mesa.
11. Una vez que la parte central **está en su lugar, empujas los dos extremos** hasta que las tres hojas **encajen firmemente.**
12. Luego extiendas un **paño protector** encima de la mesa.
13. La parte de arriba esta hecho de **vinilo** y la parte inferior de **felpa.**

❑ ❑ ❑ ❑ ❑ ❑

Day 73 / March 14 :
Expandable Dinner Table

7. The table is made of a **rich cherry wood.**
8. You **pull it open from both ends.**
9. You **insert the table leaf** in the space in the middle.
10. The table leaf has **dowel rods** [pegs] that **fit into holes** in the side of the **end-boards.**
11. Once the center leaf **is in place,** you **push the two sides together** until all three parts **fit together tightly.**
12. Next you place a **protective pad** [cover] on top of the table.
13. The top of the pad is made of **vinyl,** and the bottom (is made of) **felt.**

❑ ❑ ❑ ❑ ❑ ❑

Día 74 / Marzo 15 :
Mantel

14 El paño cubre la **superficie** de la mesa **exactamente.**
15 El paño protege la madera **en caso** de que alguien **derrame** algo.
16 Extiendes el **mantel de lino** blanco sobre la mesa.
17 **Cuelga por los lados** y **parece bastante elegante.**
18 Si alguien derrama el vino, podrá **manchar** el mantel, pero no **se filtrará** a la mesa de madera por que está el paño.
19 *¿Saldrá* la mancha del mantel *al lavarlo* o será una mancha **permanente?**
20 Si la **función verdadera** del mantel fuera procurar protección, **en contraposición a** la **mera decoración,** no necesitarías el paño protector.

(Continúa el día 111 / abril 21)

❏ ❏ ❏ ❏ ❏ ❏

Day 74 / March 15 :
Tablecloth

14 The pad covers [fits] the **surface** of the table **exactly.**
15 The pad protects the wood **in case** someone **spills** something.
16 You place the white **linen tablecloth** over the table.
17 It **drapes over the sides** and **looks quite elegant.**
18 If anyone spills their wine, it may **stain** the tablecloth, but it won't **seep through** to the wooden table because of the pad.
19 Will **the stain wash out** of the tablecloth, or will it be a **permanent** stain?
20 If the **true function** of the tablecloth were to provide protection, **as opposed to mere decoration,** you wouldn't need the pad.

(Continued at Day 111 / Apr. 21)

❑ ❑ ❑ ❑ ❑ ❑

Día 75 / Marzo 16 :
Huésped inesperado

1. **Alguien de quien no has oído hablar** durante años te llama **cuando menos te lo esperabas.**
2. Ella te pregunta si puede **quedarse** (como huésped) **en tu casa alrededor de** una semana.
3. Ella **va a estar en tu ciudad.**
4. Te ha **cogido por sorpresa.**
5. Esta llamada y petición **inesperadas** [desprevendas] **te cogen desprevenido.**
6. Como **no sabes que más decir** y no tienes tiempo para **pensar en una buena excusa** para no aceptar su visita, le dices que si.
7. No podriá **haber elegido un peor momento**.

❏ ❏ ❏ ❏ ❏ ❏

Day 75 / March 16 :
Uninvited House Guest

1. **Someone you haven't heard from for ages** calls you up **out of the blue.**
2. She asks if she can **stay** (as a guest) **at your place** for **about** a week.
3. She's going to **be in town.**
4. You are **caught off guard.**
5. You are **unprepared** for this **unexpected** call and request.
6. Since you **don't know what else to say** or have time to **think of a good excuse** as to why she can't come, you say yes.
7. Her **timing couldn't have been worse.**

❑ ❑ ❑ ❑ ❑ ❑

Día 76 / Marzo 17 :
Preparándose para tener compañía

8 **Si las cosas no estuvieran tan liadas** esta semana, estarías **encantado de recibirla** (como huésped).
9 Pero esta semana es **muy inconveniente.**
10 El día de su llegada, le dices que **te encuentre en** la entrada principal de tu edificio a determinada hora para **dejarla entrar** y darle las llaves duplicadas.
11 Antes de que llegue, **haces un arreglo rápido** en el apartamento.
12 **Ordenas las cosas.**
13 **Guardas algunas cosas** que están **tiradas por ahí.**
14 **Las vuelves a poner** en **su lugar correspondiente.**

❏ ❏ ❏ ❏ ❏ ❏

Day 76 / March 17 :
Preparing for Having Company

8   **If things hadn't been so hectic** this week, you would have been **glad to have her** (as a guest).
9   But this week, it is **a major inconvenience.**
10 The day she arrives, you tell her to **meet you at** the front door [front entrance] of your building at a specific time so (that) you can **let her in** and give her the spare set of keys.
11 Before she comes, you give the apartment **a quick overhaul** [a tidying up].
12 You **straighten things up.**
13 You **put away some things** that are **lying around.**
14 You **put them back where they belong.**

❏ ❏ ❏ ❏ ❏ ❏

Día 77 / Marzo 18 :
Familiarizando a tu huésped

15 Le muestras **cuales son las llaves** – una para la puerta del edificio, una para el apartamento y otra para el **contenedor en la parte trasera.**

16 Le muestras cómo usar el **aire condicionado** y dónde guardas varias cosas.

17 **"Siéntete libre** de **ir y venir como te plazca."**

18 "También, si necesitas algo, **tan sólo házmelo saber."**

19 **"No seas tímida."**

20 **Es agradable** verla, pero estás **feliz** cuando se marcha.

21 Es como **dice aquel viejo refrán,** "Los invitados son como los peces – quieres **sacártelos de encima** después de tres días."

❏ ❏ ❏ ❏ ❏ ❏

Day 77 / March 18 :
Showing Your Guest Around

15 You show her **which keys are which** – one for the door to the main entrance to the building, one for the apartment [your unit], and another for the **dumpster** [trash bin] **out back** [outside behind the building].

16 You show her how to use the **air conditioning** and where you keep different things.

17 **"Feel free** to **come and go as you please."**

18 "Also, if you need anything, **just let me know."**

19 **"Don't be shy."**

20 **It is nice** to see her, but you are **glad** when she leaves.

21 It's like **that old saying goes,** "Guests are like fish – you want to **throw them out** after three days."

❑ ❑ ❑ ❑ ❑ ❑

Día 78 / Marzo 19 :
Yendo al gimnasio

1. Hay un tipo en el colegio que es **un verdadero atleta.**
2. Él es un **deportista completo.**
3. Para **mantenerse en forma, levanta pesas** en el **gimnasio.**
4. **Se echa de espalda** sobre el **banco** y **hace un levantamiento (de banco)** mientras alguien más **lo vigila** para que no **se lastime** si **se queda sin energía** en medio de una **serie** (de levantamientos).
5. Él puede **levantar** casi la tercera parte de **su peso.**
6. Esto **desarrolla** los **músculos** del **pecho** y hombros.
7. Él paga una **cuota** mensual **para pertenecer a** este gimnasio.

❏ ❏ ❏ ❏ ❏ ❏

Day 78 / March 19 :
Going to the Gym

1. There is a guy at school who is **a real athlete.**
2. He is a **total jock.**
3. To **stay in shape** he **lifts weights** at the **gym.**
4. He **lies flat on his back** on the **bench** and **does a bench press,** while somebody else **"spots"** so that he won't **get hurt** if he **runs out of energy** [loses steam] in the middle of a **rep(etition)** [set (of lifts)].
5. He can **press** about a third of **his weight.**
6. This **builds** the **chest** and shoulder **muscles.**
7. He pays a monthly **membership (fee) to belong to** this gym.

❏ ❏ ❏ ❏ ❏ ❏

Día 79 / Marzo 20 :
Librería

1. El Coronel Aureliano Buendía va a la librería y le pregunta al **vendedor** si tienen una **biografía** de Gabriel García Márquez.
2. El vendedor **le indica** al Coronel Buendía la **sección** de biografías.
3. El Coronel Buendía **echa un vistazo a** los **volúmenes** en las **estanterías.**
4. **Hojea** unos pocos volúmenes que le parecen interesantes.
5. Uno le parece **particularmente útil.**
6. **Está acabado de** ser publicado en **tapa dura** y **ha recibido buenas críticas,** pero **es excessivamente caro.**
7. El Coronel Buendía decide esperar hasta que **salga** una **edición de papel** [de tapa blanda], **más barata.**

❏ ❏ ❏ ❏ ❏ ❏

Day 79 / March 20 :
Bookstore

1. Colonel Aureliano Buendía goes to the bookstore and asks the **clerk** if they have a **biography** of Gabriel García Marquez.
2. The clerk **directs** Colonel Buendía to the biography **section.**
3. Colonel Buendía **scans** the **volumes** on the **shelves.**
4. He **leafs through** [browses through] a few volumes that look interesting.
5. One looks **particularly helpful.**
6. It **has just** been published in **hardback,** and it **got good reviews,** but it's **overpriced.**
7. Colonel Buendía decides to wait until it **comes out** [appears] in a **cheaper paperback edition.**

❏ ❏ ❏ ❏ ❏ ❏

Día 80 / Marzo 21 :
Un libro excelente

8   El Coronel Buendía **descubre** [nota] un libro en edición de tapa blanda **que parece** interesante, el cual está **casi escondido** entre dos volúmenes **más gruesos.**

9   El autor es un **estudioso renombrado** en una universidad **destacada.**

10 El Coronel Buendía mira el **Índice de Contenidos** [de Materias] y **da una hojeada** al **Prefacio** y a la **Introducción.**

11 En los **Agradecimientos** el autor agradece a las personas que **colaboraron** o le ayudaron.

12 Otro estudioso **corrigió** el **penúltimo borrador** y sugirió **correcciones de substancia** y **revisiones estilísticas.**

13 Él es un experto en **gramática** y **uso correcto**.

14 Esta es la **primera tirada de tapa blanda** de la **segunda edición revisada.**

❏ ❏ ❏ ❏ ❏ ❏

Day 80 / March 21 :
A Good Book

8   Colonel Buendía **spots** an **interesting-looking** paperback that is **almost hidden** between two **thicker** volumes.
9   The author is a **renowned authority** [well-known expert] at a **leading** university.
10 Colonel Buendía looks at the **Table of Contents** and **skims through** the **Preface** and **Introduction.**
11 In the **Acknowledgments,** the author thanks those who **collaborated** with or helped him.
12 Another scholar **proofed** the **penultimate draft** and suggested **substantive corrections** and **stylistic revisions.**
13 He is an expert on **grammar** and **proper usage.**
14 This is the **first paperback printing** of the **second revised edition.**

❑ ❑ ❑ ❑ ❑ ❑

Día 81 / Marzo 22 :
¿Cómo te gustan los huevos?
(Continúa del día 184 / julio 3)

1. En un restaurante de **estilo familiar** hay **varias maneras** en que puedes comer los huevos: **duros, pasados por agua, escaldados, fritos sólo por un lado, vuelta y vuelta** [fritos con una vuelta] o **revueltos.**
2. **Incluso puedes** comer una **tortilla (francesa).**
3. En la **cafetería del colegio,** sin embargo, **hay sólo una forma** de comer los huevos – **de cualquier manera que te los den.**
4. Para hacer un huevo pasado por agua, el **cocinero** pone un poco de agua en una pequeña **olla.**
5. Pone la olla sobre el **hornillo.**
6. Enciende la **llama.**
7. **Calienta** el agua hasta que empieza a **hervir.**

❑ ❑ ❑ ❑ ❑ ❑

Day 81 / March 22 :
How Do You Like Your Eggs?
(Continued from Day 184 / July 3)

1. At a **home-style** restaurant, there are **a number of ways** you can have your eggs: **hard-boiled, soft-boiled, poached, fried sunny-side up** [fried on one side only], **easy over** [fried on both sides], or **scrambled.**
2. **You can even** have an **omelet.**
3. At the **school cafeteria,** however, **there is only one way** you can have your eggs – **whichever way they give them to you.**
4. To make a soft-boiled egg, the **cook** puts some water into a small **pot.**
5. He places the pot on the **stove** [burner].
6. He turns on [lights] the **flame.**
7. He **heats** the water until it begins to **boil.**

❑ ❑ ❑ ❑ ❑ ❑

Día 82 / Marzo 23 :
Cocinando el huevo

8 Una vez el agua está hirviendo, él pone el huevo (en el agua).
9 Él baja la cuchara en el agua con cuidado, para que el huevo no se quiebre.
10 Trata de no romper la yema.
11 Luego programa el cronómetro por seis minutos exactamente.
12 Si *dejas* el huevo *dentro* por más de seis minutos, terminarás con un huevo duro.
13 Vacía el agua caliente en el fregadero.
14 Una nube de vapor sube cuando el agua hirviendo entra en contacto con el fregadero de acero inoxidable.

❏ ❏ ❏ ❏ ❏ ❏

Day 82 / March 23 :
Boiling the Egg

8 Once the water is boiling, he **drops in** the egg.
9 He **lowers** the spoon **gently** into the water, so that the egg **won't crack.**
10 He tries not to break the **yoke.**
11 He then **sets the timer** for exactly six minutes.
12 If you *leave* the egg *in* for more than six minutes, you'll **end up with** a hard-boiled egg.
13 He **empties** the hot water into the **sink.**
14 A **cloud** of **steam** rises as the boiling water **hits** the **stainless steel** sink.

❑ ❑ ❑ ❑ ❑ ❑

Día 83 / Marzo 24 :
Pelando el huevo

15 *Vierte* agua fría *sobre* el huevo.
16 Casca [Rompe] el huevo con una cuchara.
17 **Pela** la **cáscara.**
18 Lo pone en un **platillo** pequeño.
19 Lo **corta** a la mitad.
20 Puedes **espolvorear** un poco de sal y pimienta **al gusto.**
21 Ahora está listo **para comer.**
(Continúa el día 135 / mayo 15)

❑ ❑ ❑ ❑ ❑ ❑

Day 83 / March 24 :
Peeling the Egg
15 He *pours* cold water *over* the egg.
16 He *cracks* the egg *open* with a spoon.
17 He **peels off** the **eggshell.**
18 He places it on a small **saucer.**
19 He **slices** it in half.
20 You can **sprinkle on** some salt and pepper **to taste.**
21 Now it's ready **to be eaten.**
(Continued at Day 135 / May 15)

❑ ❑ ❑ ❑ ❑ ❑

Día 84 / Marzo 25 :
Excediendo el límite de velocidad
(Continúa del día 63 / marzo 4)

1. Estás **circulando en automóvil** por la **autopista.**
2. La música está **a todo volúmen** y **tienes la capota baja.**
3. **Estás absorto en la música** y disfrutando de la **brisa** y el **paisaje.**
4. Por lo que **no te das cuenta** de que te estás **excediendo la velocidad.**
5. **En realidad,** estás yendo a 20 millas **por encima del límite de velocidad** – como te **estarán por** informar.
6. Miras en tu **espejo retrovisor.**
7. Te das cuenta que estás **siendo perseguido** por un **coche patrulla de la policía.**

❏ ❏ ❏ ❏ ❏ ❏

Day 84 / March 25 :
Exceeding the Speed Limit
(Continued from Day 63 / Mar. 4)

1. You're **cruising along** on the **freeway.**
2. The music **is blaring away,** and your **hood [convertible top] is down.**
3. You're **lost in the music** and enjoying the **breeze** and the **scenery.**
4. So you **don't notice** that **you're speeding.**
5. **In fact,** you're going 20 miles **over the speed limit** – as you **are about to** be informed.
6. You look into your **rear-view mirror.**
7. You realize that you are **being tailed** [being followed] by a **police car.**

❏ ❏ ❏ ❏ ❏ ❏

Día 85 / Marzo 26 :
Tu coche es detenido

8   Las luces **destellan** y la **sirena suena muy fuerte.**
9   **Por los altavoces,** la **policía te ordena apartarte** al **arcén** derecho de la carretera.
10 Ella **te ordena** que **le muestres** tu permiso de conducir.
11 **Retransmite** tu número de permiso [licencia] por la radio a la **comisaría de policía.**
12 Alguien allí **introduce** tu número de permiso en la computadora para ver si tienes **alguna clase de antecedente penal.**
13 **Podría ser cualquier cosa,** desde **multas de aparcamiento no pagadas** hasta **delitos graves.**
14 Te piden que **te bajes del vehículo** para que **puedan determinar** si estás **conduciendo bajo la influencia** (del alcohol).

❑ ❑ ❑ ❑ ❑ ❑

Day 85 / March 26 :
Your Car Is Stopped

8. The lights **are flashing,** and the **siren is blaring.**
9. **Over the loudspeakers** the **officer orders you** to **pull over** to the right **side** [shoulder] of the road.
10. She **instructs you** to **show her** your driver's license.
11. She **relays** your license number over the radio to **police station.**
12. Someone there **plugs** [enters] your number into a computer to see if you have **any kind of criminal record.**
13. **It could be anything** from **unpaid parking tickets** to **felonies.**
14. You are asked to **step out of the car** so that you can **be tested** to see if you are **driving under the influence.**

❏ ❏ ❏ ❏ ❏ ❏

Día 86 / Marzo 27 :
Recibiendo una multa

15   Ella puede pedirte que **camines en línea recta** o que **soples en un alcoholímetro.**
16   El alcoholímetro es un **instrumento** que **mide** el **contenido** de alcohol en el **aliento.**
17   Ahora, la policía debe decidir si quiere ser **dura** o **benevolente.**
18   Ella decide ser una **blandengue fácil de convencer.**
19   En lugar de **darte [emitir] una multa,** solamente te da una **amonestación [advertencia] por escrito.**
20   Impreso en una multa hay una **"citación."**
21   Te "cita" a **pagar la multa** o a **comparecer en el tribunal** para **apelar** la multa.

(Continúa el día 108 / abril 18)

❏ ❏ ❏ ❏ ❏ ❏

Day 86 / March 27 :
Getting a Ticket

15. She may ask you to **walk in a straight line** or to **blow into the breathalyzer.**
16. The breathalyzer is an **instrument** that **measures** the alcohol **content** of your **breath.**
17. Now the officer has to decide whether she wants to be **mean** or **nice.**
18. She decides to be a **softy,** a **pushover.**
19. Instead of **issuing you a ticket,** she just gives you a **written warning.**
20. Printed on a ticket is a **"summons."**
21. It "summons" you to either **pay the fine** or to **appear in court** to **challenge** the ticket.

(Continued at Day 108 / Apr. 18)

❑ ❑ ❑ ❑ ❑ ❑

Día 87 / Marzo 28 :
Música popular

1. Tu hijo va a ir a un **concierto de rock.**
2. Tú **nunca oíste hablar de** la **banda,** porque estás **tan fuera de onda.**
3. Las entradas [los boletos] [las localidades] estaban **agotadas varias semanas por adelantado.**
4. Tu hija va a una discoteca porque a **su grupo** le gusta bailar.
5. Al Estudio 54 [Cincuenta y Cuatro] (en la ciudad de Nueva York) en **los Setenta,** la gente **tenía que** permanecer **en multitud** en la acera fuera de la entrada y esperar para **ser elegidos** por un **gorila** para **tener aceso.**
6. El Mar Rojo **se partidía** y los **pocos elegidos** pudieron entrar.
7. **Actualmente,** la majoría de personas prefiere **frecuentar locales nocturnos** que son menos **exclusivos,** menos **discriminatorios,** más **inclusivos,** y más **diversos.**

❏ ❏ ❏ ❏ ❏ ❏

Day 87 / March 28 :
Popular Music

1. Your son is going to a **rock concert.**
2. You've **never heard of** the **band,** because you're **so out of it.**
3. The tickets were **sold out weeks in advance.**
4. Your daughter is going to a disco, because **her crowd** [her clique] likes to dance.
5. At Studio 54 (in New York City) in **the seventies** [the 1970s], people **would have to** stand **in a crowd** on the pavement outside the entrance and hope to **get picked** by a **bouncer** in order to **get in** [gain entry].
6. The (waters of the) Red Sea **would part,** and the **chosen few** would get in.
7. **Nowadays,** most people prefer to **patronize nightspots** that are less **exclusive,** less **discriminatory,** more **inclusive,** and more **diverse.**

❏ ❏ ❏ ❏ ❏ ❏

Día 88 / Marzo 29 :
Disc-jockey

8 Esperas que tu hija y sus amigas no **estén drogándose** o **emborrachándose.**

9 Tú le preguntas, pero, **¿te dirá la verdad?**

10 **¿Confiará ella en ti?** – **¿Te confiaría** un **secreto?**

11 El **disc-jockey** es muy popular en todas las discotecas.

12 ¿En realidad **se necesita algún talento cualquiera** para ser un disc-jockey?

13 La respuesta de tu hija es **un "sí" categórico.**

14 "El disc-jockey **no sólo pone** la música", te explica, "él **mezcla."**

❑ ❑ ❑ ❑ ❑ ❑

Day 88 / March 29 :
Dee-Jay

8. You hope your daughter and her friends are not **doing drugs** or **getting drunk.**
9. You ask her, but will she **tell you the truth?**
10. Will she **confide in you?** – Would she **trust you** with a **confidence?**
11. The **dee-jay** is very popular at all of the discos.
12. Does it really **take any talent whatsoever** to be a dee-jay?
13. Your daughter's answer is **an emphatic "yes."**
14. "The deejay **doesn't just play** the music," she explains, "he **mixes.**"

❑ ❑ ❑ ❑ ❑ ❑

Día 89 / Marzo 30 :
Estrella pop

15 Madama era una famosa **estrella pop,** pero **no ha tenido un éxito** desde hace algún tiempo.

16 Hubo **una cierta discrepancia** entre sus **costumbres** sexuales y las **normas** del **Sistema,** pero ella siempre logró transformar la **mala fama** de su **comportamiento flagrante** en **publicidad, y por lo tanto,** lo convertió en beneficios.

17 Ahora, **está teniendo** un **resurgimiento.**

18 Ella **acaba de sacar una grabación** que **llegó a los "Diez Mejores" en la lista de éxitos.**

19 El músico de jazz **improvisa sobre la marcha.**

20 Nunca **interpreta** la misma **pieza exactamente de la misma manera** más de una vez.

21 Algunas personas del **público se balancean [bambolean] al ritmo de la música.**

❏ ❏ ❏ ❏ ❏ ❏

Day 89 / March 30 :
Pop Star

15. Madama was a famous **pop star,** but she hasn't **produced a hit** for some time.
16. There was **something [somewhat] of a discrepancy** between her sexual **mores** and **Establishment norms,** but she always managed to turn the **shock value** of her **flagrant behavior** into **publicity, and hence,** (into) profit.
17. Now she **is experiencing** a **revival.**
18. She **just came out with a hit** that **made it to the "Top Ten" on the charts.**
19. The jazz musician **improvises as he goes along.**
20. He never **performs** the same **piece exactly the same way** twice.
21. Some of the people in the **crowd** [audience] **are swaying to the music.**

❏ ❏ ❏ ❏ ❏ ❏

Día 90 / Marzo 31 :
Un pequeño contratiempo en el baño
(Continúa del día 298 / octubre 25)
1 Un día la regadera (de la ducha) no estaba funcionando como debía.
2 Aparentemente la regadera se aflojó de la manguera, la cual, a su vez, provocó el escape.
3 La presión del agua filtrandose desde el agujero es lo que causó la rociada.
4 Rociaba agua por todos lados.
5 El agua saltó por arriba de la cortina y extendió por todo el suelo.
6 Como el piso del baño es de azulejos de cerámica, no fue gran cosa.
7 Tan sólo lo secaste con una toalla, así que no se produjo ningún daño.
(Continúa el día 240 / agosto 28)
❏ ❏ ❏ ❏ ❏ ❏

Day 90 / March 31 :
A Little Mishap in the Bathroom
(Continued from Day 298 / Oct. 25)

1. One day the **shower head** wasn't working **properly** [right].
2. Apparently the head **came loose** from the **hose** [arm] (connecting the shower head to the wall), which, **in turn,** caused the **leak(age).**
3. The **pressure** of the water **escaping** [seeping through] from the **leak** [small crack] is what caused the **spraying** to occur.
4. The water **sprayed all over the place.**
5. Water **shot over the curtain** and **got all over the floor.**
6. Since the bathroom floor is **made of ceramic tile,** it **wasn't such a big deal.**
7. You just **mopped it up** with a towel, so **no real harm was done.**

(Continued at Day 240 / Aug. 28)

❏ ❏ ❏ ❏ ❏ ❏

Día 91 / Abril 1 :
Retención fiscal a cuenta

1. Los **impuestos inmobiliarios** pueden **ser gravados** por el **condado** o la **municipalidad** [el municipio].
2. La ley requiere que tu empleador **retenga** de tu **nómina [sueldo] mensual** la **cantidad estimada** de tus **impuestos sobre la renta** por ese mes y que lo pague directamente al gobierno.
3. Cada enero, tu empleador debe darle a cada empleado un **certificado de retenciones "W-2"**.
4. El certificado **pone por escrito** la cantidad *real* de los impuestos *retenidos* por el empleador durante el **año (del) calendario.**
5. "Retención" significa que el empleador **deduce** el dinero del sueldo del empleado y **lo remite** directamente al Tío Sam [a la Hacienda].
6. Debes **presentar** tu **declaración** *el* 15 de abril *o antes.*

❏ ❏ ❏ ❏ ❏ ❏

Day 91 / April 1 :
Income Tax Withholding

1. **Property taxes** may **be imposed** by the **county** or the **municipality.**
2. Your employer is required [obligated] by law to **withhold** from your **monthly paycheck** [monthly wages] the **estimated amount** of your **income taxes** for that month and to pay it directly to the government.
3. Each January your employer must give each employee a **"W-2" form.**
4. The form **sets forth** the amounts of taxes **actually withheld** by the employer during the **calendar year.**
5. "Withholding" means that the employer **deducts** the money from [takes the money out of] the employee's paycheck and **remits it** directly to Uncle Sam.
6. You must **file** your **(tax) return on or before** April 15.

❏ ❏ ❏ ❏ ❏ ❏

Día 92 / Abril 2 :
Pagando tus impuestos

7. El **sobre** que **adjunta** tu declaración de impuestos **debe tener matasello hasta el** 15 de abril.
8. **Se te envía** un **manual de instrucciones** por correo al comienzo del año calendario vigente.
9. El **paquete** de instrucciones incluye el formulario, **los cuadros de tasas de impuestos** e instrucciones **de cómo llenar** el formulario.
10. En el formulario debes declarar tu **ingreso bruto,** el cual, incluye **sueldos, ingresos de alquileres, ingresos por pago de derechos de propiedad intelectual** e ingresos por inversiones.
11. Debes declarar el número de **exenciones** que **estás reclamando.**
12. *Cuantas más* exencionces tienes, *menos* impuestos deberás pagar **finalmente.**

❑ ❑ ❑ ❑ ❑ ❑

Day 92 / April 2 :
Paying Your Taxes

7 The **envelope enclosing** your tax return must **be postmarked by** April 15.

8 An **instruction booklet is mailed** to you at the beginning of the calendar year.

9 The instruction **package** contains the form, **tax-rate tables** and instructions **on how to complete** [fill out] the form.

10 On the form you have to state your **gross income,** which includes **wages, rental income, royalty income** (from licensing of intellectual property), and income from investments.

11 You have to state the number of **exemptions** you **are claiming.**

12 *The more* exemptions you have, *the less* tax you will **ultimately** have to pay.

❏ ❏ ❏ ❏ ❏ ❏

Día 93 / Abril 3 :
Haciendo tu declaración

13 Puedes reclamar una exención para ti mismo y una por cada uno de tus **dependientes.**

14 Por cada exención, puedes **deducir** una cantidad específica de tus ingresos que, **de lo contrario,** serían gravados.

15 **También,** puedes disminuir más tu **obligación fiscal** reclamando deducciones por **contribuciones de caridad** o **deudas incobrables.**

16 Después de **calcular** tu **ingreso gravable,** vas al cuadro de impuestos para **averiguar** tu obligación fiscal, es decir, cuánto **debes.**

17 Si tu empleador retuvo más de lo que debes, **tienes derecho a** una **devolución** [un reintegro].

18 Pero, si no se retuvo lo suficiente, deberás **adjuntar** un cheque por la cantidad **debida.**

❏ ❏ ❏ ❏ ❏ ❏

**Day 93 / April 3 :
Filling out Your Return**

13 You can claim one exemption for yourself and one for each of your **dependents.**

14 For each exemption, you can **deduct** a specified amount from your **otherwise** taxable income.

15 You can **further** lower your **tax liability** by claiming deductions for **charitable contributions** or **irrecoverable debts.**

16 After you **calculate** your **taxable income,** you turn to the tax-rate table to **figure out** your tax liability, *i.e.*, how much you **owe.**

17 If your employer withheld more than you owe, you're **entitled to** a **refund.**

18 But if not enough was withheld, you have to **enclose** a check for the amount **owed.**

❏ ❏ ❏ ❏ ❏ ❏

Día 94 / Abril 4 :
Un joven triunfador
(Continúa del día 64 / marzo 5)

1. Alan es **sumamente educado.**
2. Desde su infancia, siempre fue enviado a los mejores **colegios privados.**
3. La **escuela pública** no **estaba a la altura** del **heredero** de la **fortuna** de la compañía Lámparas para Niñitos.
4. En secundaria **sobresalió** igualmente, tanto en los **estudios académicos** como en las **actividades extracurriculares,** tales como **deportes dentro del colegio** [intramuros] y **clubes** del colegio.
5. Estaba en el **equipo de natación.**
6. **Recibió una medalla de oro** en la **competencia tri-estatal** [de clubs de tres estados].
7. También, **participó en** el gobierno estudiantil.

❏ ❏ ❏ ❏ ❏ ❏

Day 94 / April 4 :
A Young Achiever
(Continued from Day 64 / Mar. 5)

1. Alan is **highly educated.**
2. Since childhood, he was always sent to the best **prep schools.**
3. **Public school** was **not good enough** for the **heir** to the Kiddie Lamp (Company) **fortune.**
4. In high school he **excelled in** both his **academic studies** [academic work] and in **extracurricular activities,** such as **intramural sports** and school **clubs.**
5. He was on the **swim team.**
6. He **got a gold medal** in the **tri-state competition.**
7. He also **participated in** student government.

❑ ❑ ❑ ❑ ❑ ❑

Día 95 / Abril 5 :
Secundaria

8 **Perdió la elección** para delegado de su **promoción.**
9 Alguien **más apuesto** y **más carismático,** pero **menos capaz, ganó** la elección.
10 Él aceptó la **derrota de buena manera** [con deportividad].
11 Incluso, **colaboró con** el nuevo delegado de la promoción **de varias formas** [maneras].
12 Vendió **papeletas de rifa** [de sorteo] para **recaudar dinero** para **eventos** de la clase, tal como el **baile de graduación.**
13 También era miembro del **club de teatro.**
14 **Representó un papel pequeño** en "**Arsénico** y **Encaje** Antiguo".

❏ ❏ ❏ ❏ ❏ ❏

Day 95 / April 5:
High School

8. He **lost the election** for **class** president.
9. Someone **better looking** and **more charismatic,** but **less capable, won** the election.
10. He was **good natured** about the **defeat.**
11. He even **cooperated with** the new class president **in a number of ways.**
12. He sold **raffle tickets** to **raise money** for class **events,** such as the **senior prom.**
13. He was also a member of the **drama club.**
14. He **played a minor role in** "**Arsenic** and Old **Lace.**"

❏ ❏ ❏ ❏ ❏ ❏

Día 96 / Abril 6 :
Obra teatral del colegio

15 "Arsénico y Encaje Antiguo" es una **comedia de humor negro** sobre dos viejitas bondadosas que envenenan a un viejo porque piensan que **se siente solo** y que estaría más feliz si estuviese muerto.

16 Yo creo que cada club de teatro de los colegios **pone en escena** esa obra pícara y morbosa.

17 **Por alguna razón,** parece ser popular entre **adolescentes.**

18 Toda la producción fue bastante **aficionada.**

19 Como de costumbre, sin embargo, a los padres **les encantó.**

20 Seamos realistas, **tan sólo** les gusta ver a sus chicos en escenario.

21 **En el plano académico,** a Alan le fue muy bien en su **SAT examen** [examen para determinar la aptitud para el éxito futuro en la universidad].

❏ ❏ ❏ ❏ ❏ ❏

Day 96 / April 6 :
School Play

15 "Arsenic and Old Lace" is a **dark comedy** about two **kindly** old ladies who **poison** an old man because they think (that) he **is lonely** and (that he) would be happier if he were dead.

16 I think every high school drama club **puts on** [stages a production of] that **wicked, morbid** play.

17 **For some reason,** it seems to be popular with **adolescents.**

18 The entire **production** was quite **amateur.**

19 **As usual,** however, the parents **ate it up.**

20 **Let's face it,** they **just** like seeing their kids **on stage.**

21 **On the academic front,** Alan did very well on his **SATs** [Scholastic Aptitude Test].

❏ ❏ ❏ ❏ ❏ ❏

Día 97 / Abril 7 :
Universidad y carrera

22. Su **puntuación** [puntaje] estaba en el **percentil 97.**
23. Él **fue admitido en** una buena universidad basado en **la combinación de** sus **buenas notas,** sus altas puntuaciones en los **exámenes estandarizados,** y el hecho de que su padre **donó un montón de dinero** a la **asociación de egresados [graduados] de la universidad.**
24. Apoyado en esta combinación de **factores,** el **comité de admisiones** sintió que él **demostraba** *tanto* la **probabilidad** de éxito académico *como* la **capacidad polifacética como individuo.**
25. **Continuó yéndole bien** en la universidad.
26. **Se graduó** con **honores.**
27. **Prosiguió para sacar un MAE** [Master en Administración de Empresas] especializándose en finanzas. ❏ ❏ ❏ ❏ ❏ ❏

Day 97 / April 7 :
College and Career

22. His score was in the 97th percentile.
23. He got into a good college based on the combination of his good grades, his high scores on standardized tests, and the fact that his father donated gobs of money to the school's alumni association.
24. Based on this combination of factors, the admissions committee felt that he demonstrated *both* the likelihood of academic success *and* well-roundedness as a person.
25. He continued to do well in college.
26. He graduated with honors.
27. He went on to get an MBA specializing in finance.

❑ ❑ ❑ ❑ ❑ ❑

Día 98 / Abril 8 :
El dinero no compra la felicidad

28 Después **fue contratado por** un banco de inversión.
29 **Supongo que se podría decir** que Alan es **lo que se llama** una **"persona que logra más de lo esperado"**.
30 Ahora, está **ganando una pila de dinero,** pero **no tiene tiempo para disfrutarlo.**
31 Cada noche, cuando vuelve a su casa, él está **todo estresado.**
32 Él está **al borde de** una **crisis nerviosa.**
33 Jorge y Alan son **exactamente lo opuesto (el uno del otro).**
34 Jorge nunca fue tan **inclinado a lo académico** como Alan.

❑ ❑ ❑ ❑ ❑ ❑

Day 98 / April 8 :
Money Doesn't Buy Happiness

28 Then he **got recruited by** an investment banking firm.
29 **I guess you could say that** Alan is **what they call** an **"over-achiever."**
30 Now he's **making piles of money,** but he has **no time to enjoy it.**
31 Every night when he comes home, he's **all stressed out.**
32 He's **on the verge of** a **nervous breakdown.**
33 George and Alan are **exact opposites.**
34 George was never as **academically-inclined** as Alan.

❏ ❏ ❏ ❏ ❏ ❏

Día 99 / Abril 9 :
Capacitación vocacional

35 A Jorge **nunca le fue bien** en el colegio.
36 Él siempre **sacó notas mediocres en el mejor de los casos.**
37 En vez de ir a la universidad, fue a la **escuela de enseñanza técnica,** dónde aprendió **plomería.**
38 Luego de su **aprendizaje,** trabajó para una compañía de plomería, que **operaba bajo contrato** para grandes **edificios de oficinas.**
39 **Eventualmente, ganó suficiente experiencia** que le permitió **dimitir** [dejar su trabajo] y **establecer** su propio negocio.
40 Ahora está cobrando una **tasa horaria** alta.
41 Esto le permite **darse el lujo de** un **estilo de vida acomodado.**
❑ ❑ ❑ ❑ ❑ ❑

Day 99 / April 9 :
Vocational Training

35 George **never did well** in school.
36 He always **got mediocre grades** at **best.**
37 Instead of going to college, he went to **vocational school,** where he learned **plumbing.**
38 After his **apprenticeship** he worked for a plumbing company that did **contract work** for large **office buildings.**
39 **Eventually** he **gained enough experience** to enable him **to quit** and to **set up** his own business.
40 Now he's charging a high **hourly rate.**
41 This enables him **to afford** an **affluent lifestyle.**

❑ ❑ ❑ ❑ ❑ ❑

Día 100 / Abril 10 :
Ser tu propio jefe

42 Muchas veces, Jorge *tiene* **subcontratistas** *que hacen* el **verdadero** trabajo.

43 Jorge **simplemente se pone cómodo** y **recauda** el dinero.

44 **Lo mejor de todo** es que Jorge no tiene que **lidiar con** ninguna de las **presiones** de trabajar para un **jefe.**

45 Puede **fijar sus propias horas** y decidir qué clientes y **trabajos** desea o no desea tomar.

46 Puede **tomarse vacaciones** o un **día libre en cualquier momento que se siente con ganas.**

47 **No debe rendirle cuentas a** nadie, sólo a sí mismo.

48 Es **irónico,** pero el **estilo de vida** – la calidad de la vida diaria – de Jorge es **mucho** mejor que el de Alan.

(Continúa el día 149 / mayo 5)

❏ ❏ ❏ ❏ ❏ ❏

Day 100 / April 10 :
Being Your Own Boss

42 A lot of the time, George *has* **subcontractors** *do* the **actual** work.
43 George **just sits back** [kicks back] and **collects** the money.
44 **The best part of all** is that George doesn't have to **deal with** [put up with] any of the **pressures** of working for a **boss.**
45 He can **set his own hours** and decide which clients and **jobs** [work assignments] he does or does not want to take.
46 He can **take a vacation** or a **day off whenever he feels like it.**
47 He **isn't answerable to** anyone but himself.
48 It's **ironic** that George's **lifestyle** – the quality of his everyday life – is **so much** better than Alan's.

(Continued at Day 149 / May 5)

❏ ❏ ❏ ❏ ❏ ❏

Día 101 / Abril 11 :
Televisión

1. **Saltas** [Cambias] de **canal** en canal, pero todos los **programas** son **pura basura.**
2. **Revisas** la **guía de TV,** pero hay sólo un **programa** bueno, y **no lo emiten [dan] hasta más tarde** esta noche.
3. Es un **documental** en uno de los canales de **emisión por cable.**
4. **Cambias** al canal de comedia, pero son **los mismos antiguos comediantes** contando los mismos **chistes** viejos.
5. El programa **es interrumpido** por demasiados **anuncios comerciales.**
6. **Coges** el **control remoto** y **oprimes** el **botón de** *Silencio* durante los anuncios comerciales.
7. **Te hartas de** estas **tonterías** y **apagas** la TV.

❏ ❏ ❏ ❏ ❏ ❏

Day 101 / April 11 :
Television

1. You **flip** [flick] (the remote control) from **channel** to channel, but all of the **programs** are **junk.**
2. You **check** the **TV guide,** but there is only one good **show,** and **it's not on until later** tonight.
3. It's a **documentary** on one of the **cable network** channels.
4. You **switch** to the comedy channel, but it's **the same old comedians** telling the same old **jokes.**
5. The show **is interrupted** by too many **commercials.**
6. You **pick up** the **remote control** and **hit** [press] the *Mute* **button** during the commercials.
7. You **get fed up with** this **mindless nonsense** and **turn off** the TV.

❏ ❏ ❏ ❏ ❏ ❏

Día 102 / Abril 12 :
Materiales [Artículos] de oficina
(Continúa del día 272 / septiembre 29)

1. Julie trabaja para una **compañía de preparación (de declaraciones) de impuestos** [una asesoría fiscal].
2. Ahora, **tan sólo** hay **un par de días antes** del **plazo (de entrega) para presentar** los impuestos, por lo que todo el mundo está trabajando **día y noche.**
3. Y todos están **intensificando el trabajo** [poniéndose las pilas] y tomando café **hasta las primeras horas de la madrugada.**
4. Los archivos de los clientes están **esparcidos por todo el lugar.**
5. Hay una **carpeta de Manila** para cada cliente, con el nombre del cliente **escrito en la lengüeta.**
6. Cada carpeta contiene todos los **documentos** necesarios para preparar la declaración del cliente.
7. Algunos de los documentos son **recibos** por **gastos de operación (de negocio) deducibles.** ❏ ❏ ❏ ❏

Day 102 / April 12 :
Office Supplies
(Continued from Day 272 / Sept. 29)

1. Julie works for a **tax prep service.**
2. It's now **just** a **couple of days before** the income tax **filing deadline,** so everyone is working **around the clock.**
3. And everyone is **cranking it up** and drinking coffee **into the wee hours.**
4. Client files are **strewn all over the place.**
5. There is a **manila folder** for each client, with the client's name **typed on the tab.**
6. Each folder contains all of the **documents** needed to prepare the client's tax return.
7. Some of the documents are **receipts** for **tax-deductible business expenses.**

❏ ❏ ❏ ❏ ❏ ❏

Día 103 / Abril 13:
Organizando archivos

8. Si **alguna vez** el cliente **es auditado** por el Ministerio de Hacienda [la Dirección General Impositiva], estos recibos **demostrarán** que las deducciones fueron por gastos de operación (del negocio) **legítimos.**
9. Si un documento tiene más de una página, Julie **lo grapa** [engrapa] con una **grapadora** [engrapadora].
10. De esta manera, las páginas **no se separarán.**
11. Si ella ha grapado las páginas **desordenadamente, debe quitar las grapas** del documento con un **quitagrapas.**
12. Luego lo **vuelve a engrapar** con las páginas **en orden.**
13. Todos los recibos están **sujetos conjuntamente** con **un clip.**
14. Si los recibos son demasiado gruesos para un clip, Julie **los sujeta con** una **pinza para papeles.**

(Continúa el día 324 / noviembre 20)

❏ ❏ ❏ ❏ ❏ ❏

Day 103 / April 13 :
Organizing Files

8. If the client should **ever get audited** by the I.R.S. [Internal Revenue Service], these receipts will **prove** that the deductions were for **legitimate** business expenses.
9. If a document has more than one page, Julie **staples it together** with a **stapler.**
10. That way the pages **won't come apart.**
11. If she has stapeled the pages **out of order,** she must **un-staple** the document with a **staple remover.**
12. She then **re-staples** it with the pages **in order.**
13. All of the receipts are **clipped together** with a **paper clip.**
14. If the receipts are too thick for a paper clip, Julie **fastens them together** with a **binder clip.**

(Continued at Day 324 / Nov. 20)

❏ ❏ ❏ ❏ ❏ ❏

Día 104 / Abril 14 :
Preparando el desayuno
(Continúa del día 300 / octubre 27)

1. Cuando Guillermo y Hillary tienen prisa, comen **cereales** o **tostadas** para el desayuno.
2. Los fines de semana, Hillary, siendo un **ama de casa tradicional, prepara** un desayuno **más elaborado.**
3. Ella **cuela** algo de jugo de naranja para el más pequeño porque él **no traga** la **pulpa.**
4. El toma jugo **sin pulpa.**
5. El chico mayor bebe su jugo **sin colar.**
6. Algunos fines de semana, Hillary **exprime** jugo **fresco** de naranjas o de pomelo [toronja].
7. Es **refrescante** el jugo **frío** y fresco.

❏ ❏ ❏ ❏ ❏ ❏

Day 104 / April 14 :
Making Breakfast
(Continued from Day 300 / Oct. 27)
1. When Bill and Hillary are in a rush, they have **cereal** or **toast** for breakfast.
2. On weekends, Hillary, being a **traditional housewife, fixes** a **more elaborate** breakfast.
3. She **strains** some orange juice for the younger one, because he **won't [will not] swallow** the **pulp.**
4. He drinks **pulp-free** juice.
5. The older child drinks his juice **unstrained.**
6. Some weekends Hillary **squeezes fresh** orange juice or grapefruit juice.
7. **Cool,** fresh juice is **refreshing.**

❏ ❏ ❏ ❏ ❏ ❏

Día 105 / Abril 15 :
En la mesa para desayunar

8 Hillary **pone** en la mesa dos **manteles individuales,** dos **cuencos [recipientes] para el cereal,** dos vasos para el jugo, una caja de cereal y un recipiente de leche.

9 **Antiguamente,** la leche venía en **botellas,** pero ahora viene en recipientes de plástico o de cartón.

10 Cuando los niños **bajan,** se sientan en la mesa, *se sirven* cereal *y vierten* un poco de leche sobre el cereal.

11 Guillermo siempre **observa** al más pequeño mientras vierte la leche.

12 Al pequeño **le cuesta un poco harcerlo.**

13 **De vez en cuando,** él **derrama** la leche **por toda** la mesa.

14 Pero él nunca aprenderá a menos que **siga intentándolo.**

❑ ❑ ❑ ❑ ❑ ❑

Day 105 / April 15 :
At the Breakfast Table

8. Hillary **sets out** on the table two **placemats,** two **(cereal) bowls,** two glasses for the juice, a box of cereal, and a carton of milk.
9. **In the olden days** milk came in a **bottle,** but now it comes in a plastic or cardboard carton.
10. When the kids **come downstairs,** they sit down at the table and **pour themselves** some cereal and some milk over the cereal.
11. Bill always **watches** the younger one as he's pouring the milk.
12. The little one **has a little trouble (doing it).**
13. He **has been known to spill** [has on more than one occasion spilled] the milk **all over** the table.
14. But he will never learn unless he **keeps on trying.**

❑ ❑ ❑ ❑ ❑ ❑

Día 106 / Abril 16 :
Leche derramada

15 Como dicen, **"la práctica hace al maestro."**
16 Guillermo **debe absorber con una esponja** la **leche derramada.**
17 Luego **escurre** la **esponja** bajo el **agua corriente.**
18 **Mientras todo esto está sucediendo,** Guillermo mira el programa de las noticias matinales en la **pequeñísima** televisión de la cocina.
19 El **locutor** sólo está leyendo palabras en el **teleapuntador.**
20 Hillary **no presta atención.**
21 Ella no está interesada en **las actualidades.**

(Continúa el día 24 / enero 24)

❏ ❏ ❏ ❏ ❏ ❏

Day 106 / April 16 :
Spilt Milk

15　As they say, "**Practice makes perfect.**"
16　Bill has to **sponge up** the **spilt milk.**
17　Then he **wrings out** the **sponge** under **running water.**
18　**While all of this is going on,** Bill watches the morning news show on the **really small** TV in the kitchen.
19　The **newscaster** is just reading lines from the **teleprompter.**
20　Hillary **doesn't pay attention.**
21　She isn't interested in **current events.**
(Continued at Day 24 / Jan. 24)

❏ ❏ ❏ ❏ ❏ ❏

Día 107 / Abril 17 :
Geografía

1. El Río Mississippi **avanza (serpenteando) en su camino** por más de 3.000 millas hasta que **llega** al **delta** y **desemboca en** el **Golfo** de México.
2. Los estados de las Grandes **Llanuras** son **planos** y **cubiertos de hierba.**
3. El Gran **Cañón fue tallado** por la naturaleza en **roca sólida,** pero por favor, **no te acerques demasiado** al **borde.**
4. San Francisco es una ciudad **asentada en** las colinas que dan a la **bahía.**
5. Una **línea de fallas atraviesa** California, por lo que los **terremotos** son una **amenaza constante.**
6. El Everglades es un **pantano infernal** en la **península** de Florida.
7. En el desierto, entre las **dunas de arena constantemente en movimiento,** hay un **oasis** con **fuentes** y un **pozo.**

❏ ❏ ❏ ❏ ❏ ❏

Day 107 / April 17 :
Geography

1. The Mississippi River **winds its way** for more than 3,000 miles until it **reaches** the **delta** and **empties into** the **Gulf** of Mexico.
2. The Great **Plains** states are **flat** and **grassy.**
3. The Grand **Canyon was carved** by Nature into **solid rock,** but please **don't get too close** to the **edge.**
4. San Francisco is a city **perched in** the hills overlooking [perched over] the **bay.**
5. A **fault line runs through** California, so (that) **earthquakes** are a **constant threat.**
6. The Everglades is a **hellish swamp** on the Florida **peninsula.**
7. In the desert, amid the **constantly-shifting sand dunes,** is an **oasis** with **springs** and a **well.**

❏ ❏ ❏ ❏ ❏ ❏

Día 108 / Abril 18 :
Accidente automovilístico
(Continúa del día 86 / marzo 27)

1. Hubo un **accidente automovilístico.**
2. Un automóvil **se saltó una luz roja** y **atropelló a un peatón** que estaba cruzando la calle.
3. El peatón **tenía la preferencia** [el derecho de paso].
4. Mientras el automóvil **se acercaba** a la intersección, la luz (del semáforo) **se puso amarilla.**
5. Pero en vez de disminuir la velocidad, el automóvil **aceleró** y trató de atravesar (la intersección) antes que la luz se pusiera roja.
6. Una **ambulancia llegó rápidamente al escenario** (del accidente) y llevó a la **víctima** al hospital.
7. El **paramédico administró respiración de boca a boca de camino al** hospital.

(Continúa el día 274 / octubre 1)

❑ ❑ ❑ ❑ ❑ ❑

Day 108 / April 18 :
Car Accident
(Continued from Day 86 / Mar. 27)
1. There was a **car accident.**
2. A car **went through a red light** and **hit a pedestrian** who was crossing the street.
3. The pedestrian **had the right of way.**
4. As the car **was approaching** [was nearing] the intersection, the light **turned yellow.**
5. But instead of slowing down, the car **speeded up** and tried to make it through (the intersection) before the light turned red.
6. An **ambulance was rushed to the scene** and took the **victim** to the hospital.
7. The **paramedic administered mouth-to-mouth resuscitation en route to** [on the way to] the hospital.

(Continued at Day 274 / Oct. 1)

❏ ❏ ❏ ❏ ❏ ❏

Día 109 / Abril 19 :
Pizza para llevar

1. La pizzería [el local de pizza] está abierta hasta tarde, pero no reparten a domicilio.
2. Ellos preparan (pizzas) para llevar, lo cual significa que tienes que llamar para hacer el pedido y luego ir a recogerlo.
3. Haces un pedido (por teléfono) para una pizza (tamaño) mediana con tres ingredientes – champiñones, pimientos y aceitunas.
4. Para cuando llegas allí, tu pizza está justo saliendo del horno.
5. La pizza está cortada [dividida] en ocho porciones y está súper caliente.
6. Abres la caja para dejar salir algo del aire.
7. De lo contrario, el aire caliente dentro de la caja dejaría la pizza saturada (de humedad) para cuando regreses a casa.

❑ ❑ ❑ ❑ ❑ ❑

Day 109 / April 19 :
Carry-Out Pizza

1. The pizza **place** [joint] **is open late,** but **they don't deliver.**
2. They **do carry-out [take-out],** which means (that) you have to **call in your order** and **go there to pick it up.**
3. You call in an order for a **medium(-sized) (pizza-)pie** with **three toppings** – **mushrooms, peppers,** and olives.
4. When you get there, your pizza is **just coming out of the oven.**
5. The pie is **cut [divided] into** eight **slices,** and it's **piping hot.**
6. You open the **box** to **let some of the air out.**
7. Otherwise, the **hot air** inside the box will make the pizza **soggy by the time (that)** you **get back home.**

❑ ❑ ❑ ❑ ❑ ❑

Día 110 / Abril 20 :
Señales

1. Durante el **desfile, pancartas vistosas cuelgan sobre** la **calle principal.**
2. **Cerca del borde de la carreterra,** hay una **cartelera** que anuncia **establecimientos de comida rápida** en la siguiente **parada (de descanso).**
3. En la **carretera interestatal** hay una **señal** para cada **salida.**
4. Unos **anuncios** han sido **clavados (con chinchetas) en** el **tablón de anuncios** [la cartelera].
5. El *cartel* **montado** y *enmarcado* es una **reproducción** de una pintura famosa.
6. En la **sala de estar de los estudiantes,** en la **residencia universitaria,** hay una **placa (conmemorativa)** pequeña que **honra** al **benefactor,** cuyas **donaciones** financiaron el edificio.
7. El **activista** está **repartiendo panfletos** a los **transeúntes.**

❑ ❑ ❑ ❑ ❑ ❑

Day 110 / April 20 :
Signs

1. During the parade, colorful banners hang over the main street.
2. Off the side of the highway, there is a billboard advertising fast food joints at the next rest stop.
3. On the interstate highway there is a sign for each exit.
4. Announcements have been tacked onto the bulletin board (with thumbtacks).
5. The mounted-and-framed poster is a reproduction of a famous painting.
6. In the student lounge in the dormitory, there is a small commemorative plaque honoring the benefactor whose donations financed [paid for] the building.
7. The activist is passing out fliers [leaflets] to passers-by.

❏ ❏ ❏ ❏ ❏ ❏

Día 111 / Abril 21 :
Porcelana china
(Continúa del día 74 / marzo 15)

1. Tú no vas a usar la *vajilla* o los **cubiertos** *de diario* para la **elegante** cena formal de esta noche.
2. La **vajilla de porcelana (china) delicada** se guarda en la **vitrina para la vajilla.**
3. **La idea es guardarlos más arriba** para que estén **fuera del alcance de** los niños.
4. Tú sólo usas la porcelana china **en ocasiones especiales.**
5. No la puedes poner en el **lavavajillas.**
6. **Se astilla** [Se quiebra] **muy fácilmente.**

❑ ❑ ❑ ❑ ❑ ❑

Day 111 / April 21 :
Fine China
(Continued from Day 74 / Mar. 15)

1. You're not going to use the **everyday dishes** or **silverware** for this evening's **fancy,** formal dinner party.
2. The **fine bone china** dishes are kept in the **china cabinet.**
3. **The idea is** to **keep them high up** so that they will be **out of the reach of** the children.
4. You only use the fine china **on special occasions.**
5. You can't put it [wash it] in the **dishwasher.**
6. It **chips very easily.**

❏ ❏ ❏ ❏ ❏ ❏

Día 112 / Abril 22 :
Cristalería

7 Las **copas de vino** son **increíblemente** delicadas.
8 Son **antigüedades.**
9 Fueron **hechos de manera artesanal** en Europa Central hace más de un siglo.
10 Son **reliquias familiares** que han estado **en la familia por generaciones.**
11 Fueron **pasados de generación en generación.**
12 Los platos **manufacturados** más baratos tienen **dibujos impresos,** no **pintados a mano.**

❏ ❏ ❏ ❏ ❏ ❏

Day 112 / April 22 :
The Nice Glasses

7. The **wine glasses** are **incredibly** delicate.
8. They are **antiques.**
9. They were **hand-blown** in central Europe more than a century ago.
10. They are **family heirlooms** that have been **in the family** **for generations.**
11. They were **passed down** **from generation to generation.**
12. Cheaper **manufactured** dishes have **designs** that are **printed,** not **painted by hand.**

❏ ❏ ❏ ❏ ❏ ❏

Día 113 / Abril 23 :
Echar una mano

13 Nuestro hijo quiere ayudar a **poner la mesa.**
14 **Él todavía está en la edad,** en la cual, **ayudar** es **divertido.**
15 **Para su edad,** esto no es una **tarea.**
16 Es un **desafío** y una **indicación** de que él es como **las personas adultas.**
17 Él es demasiado bajito **para alcanzar** la porcelana china en la vitrina para la vajilla, por lo que **trepa en** un **taburete.**
18 Está **temblando** un poco mientras lleva **una pieza cada vez** a la mesa del comedor.

❏ ❏ ❏ ❏ ❏ ❏

Day 113 / April 23 :
Helping Out

13　Our son wants to help **set the table.**
14　**He's still at that age** at which **helping out** is **fun.**
15　It's not a **chore** for him **at this age.**
16　It's a **challenge** and a **sign** that he is like the **grown-ups.**
17　He's too short to be able **to reach** the fine china in the china cabinet, so he **stands on** [climbs onto] a **stool.**
18　He's **trembling** a little as he carries **one piece at a time** to the dining room table.

❏　❏　❏　❏　❏　❏

Día 114 / Abril 24 :
Poner la mesa

19 Tiene miedo porque podría **romper** algo.
20 Entonces, en vez de **elogiarlo** por ayudar, su madre lo **regañaría** por romper un plato tan **costoso.**
21 Él sabe dónde va cada pieza en la mesa, tal como un verdadero **anfitrión.**
22 Cuando termina, su madre **añade unos toques finales** – un **candelabro** y un **arreglo floral** como **centro de mesa.**
23 Justo cuando **están terminando,** ellos escuchan un auto **viniendo por la entrada del garaje.**
24 Los **invitados** están empezando a llegar.

(Continúa el día 133 / mayo 13)

❏ ❏ ❏ ❏ ❏ ❏

Day 114 / April 24 :
Setting the Table

19 He's afraid he might **break** something.
20 Then, instead of **praising** him for helping out, his mother would **scold** [chastise] him for breaking an **expensive** dish.
21 He knows where each piece goes on the table, just like a real **maitre d'** [restaurant host/hostess].
22 When he's done, his mother **adds some finishing touches** – a **candelabra** and a **flower arrangement** as the **centerpiece.**
23 Just as they're **finishing up,** they hear a car **coming up the driveway.**
24 The **guests** are starting to arrive.

(Continued at Day 133 / May 13)

❏ ❏ ❏ ❏ ❏ ❏

Día 115 / Abril 25 :
Contaminación

1. La **fábrica** está **virtiendo residuos peligrosos** en un **riachuelo** [arroyo] **cercano.**
2. Estos **productos químicos** están **contaminando** el río y acabando con los peces.
3. Estas especies de peces están en la lista de **"especies en peligro de extinción."**
4. Algunas personas **sufrieron el envenenamiento de mercurio** después de comer el pescado.
5. La fábrica también está **emitiendo contaminantes** al aire.
6. Tú puedes ver todas **las emisiones de gases saliendo por** las **chimeneas.**
7. El humo tiene un color **extraño** que **no se produce naturalmente.**

❏ ❏ ❏ ❏ ❏ ❏

Day 115 / April 25 :
Pollution

1. The **factory** is **dumping hazardous waste** into the **nearby stream.**
2. These **chemicals** are **polluting** the river and killing off the fish.
3. This species of fish is on the **"endangered species"** list.
4. Some people **got mercury poisoning** after they ate the fish.
5. The factory is also **releasing** [emitting] **pollutants** into the air.
6. You can see all of the **exhaust coming out of** the **smokestacks.**
7. The smoke has a **weird** color that **does not occur naturally.**

❏ ❏ ❏ ❏ ❏ ❏

Día 116 / Abril 26 :
Aire de mala calidad

8   Una **bruma** de **niebla tóxica se cierne sobre** la ciudad debido a la contaminación del aire.
9   Hoy, hay una **alerta por la calidad del aire.**
10 De acuerdo a la alerta, **se te advierte** que **evites actividades al aire libre.**
11 Tú **ignoras** la advertencia y **sales a correr de todos modos**.
12 Descubres que **respirar es más difícil de lo normal.**
13 Te **quedas sin aliento** más pronto.
14 Tu **garganta** queda un poco irritada.

❑ ❑ ❑ ❑ ❑ ❑

Day 116 / April 26 :
Bad Air Quality

8   A haze of smog hovers over the city due to the air pollution.
9   There is an air quality alert today.
10 According to the alert, you are advised to avoid outdoor activities.
11 You ignore [disregard] the warning and go jogging anyway.
12 You find that it is harder to breathe than usual.
13 You get out of breath sooner.
14 Your throat gets a little scratchy [sore].

❏ ❏ ❏ ❏ ❏ ❏

Día 117 / Abril 27 :
Deterioro del medio ambiente

15 Debido al **deterioro** a largo plazo del (medio) ambiente **por todo** el país, el gobierno está **requiriendo** que las compañías **emprendan medidas de limpieza.**

16 Un **tratado** internacional **regulamenta** las **emisiones transnacionales.**

17 **La industrialización** durante los dos últimos siglos ha **creado un agujero en** la **capa de ozono.**

18 La capa de ozono es una capa de nubes y gases que **protegen** la **superficie** de la tierra – y todos los **seres vivientes** – de **rayos dañinos.**

19 Las emisiones de fábricas durante tan largo período de tiempo han contribuido al **efecto invernadero.**

20 **El calentamiento global,** eventualmente podría **alterar** el **equilibrio delicado** que permite a los **mamíferos sobrevivir.**

❏ ❏ ❏ ❏ ❏ ❏ ❏

Day 117 / April 27 :
Environmental Damage

15. Due to the long-term environmental **damage throughout** the country, the government is **requiring** companies to **undertake clean-up measures.**
16. An international **treaty regulates transnational emissions.**
17. **Industrialization** during the last two centuries has **burned a hole through** the **ozone layer.**
18. The ozone layer is a layer of clouds and gases that **shields** the **surface** of the earth – and all **living beings** – from **harmful rays.**
19. Factory emissions over such a long period of time have contributed to the **green-house effect.**
20. **Global warming** may eventually **upset** the **delicate balance** which permits **mammals** to **survive.**

❏ ❏ ❏ ❏ ❏ ❏

Día 118 / Abril 28 :
Deshacerse de cosas viejas
(Continúa del día 241 / agosto 29)

1. Cada año, cuando el invierno finalmente termina, **llevas a cabo un ritual** conocido como "limpieza a fondo."
2. Abres todas las ventanas por toda la casa y **limpias** todos los armarios y gabinetes.
3. Recoges **todo lo que encuentras** que **ya no necesitas** y lo pones en una **pila** en el porche delantero.
4. Una **organización benéfica viene** y **recoge todo.**
5. La organización reparte **las cosas** a las **personas necesitadas** que pueden usarlas.
6. Luego *ordenas* el ático *y te deshaces de las cosas que no usas.*
7. Las **vigas atraviesan** el techo **en ángulo (con la pared).**

❏ ❏ ❏ ❏ ❏ ❏

Day 118 / April 28 :
Getting Rid of Old Stuff
(Continued from Day 241 / Aug. 29)

1. Every year, when winter is finally over, you **perform a ritual** [periodic routine] known as "spring cleaning."
2. You open all of the windows throughout the house and **clean out** [empty out and then clean] all of the closets and cabinets.
3. You take **everything you find** that you **don't need anymore** and put it in a **pile** on the front porch.
4. A **charity comes by** and **picks everything up** [takes it away].
5. The charity gives **the stuff** to **the needy** who can use it.
6. Then you **clean out** the attic.
7. The **beams run across** the ceiling **at an angle**.

❏ ❏ ❏ ❏ ❏ ❏

Día 119 / Abril 29 :
Ático

8 Cuando entras al ático, debes **tener cuidado con la cabeza** porque las vigas **están muy bajas.**
9 También, el piso no es muy **firme.**
10 Siempre tienes miedo de **caer a través del piso** debajo hacia el garaje.
11 **Examinas de forma concienzuda** un **montón de cajas.**
12 Decides qué **conservar** y qué **tirar.**
13 Hay tantas cosas que nunca vas a usar, pero te las quedas **por alguna razón desconocida.**
14 Algunas de las cajas contienen **recuerdos** (del pasado) (**p.ej.** [por ejemplo] tus **anuarios** antiguos de colegio y unas **invitaciones** de tu **boda**) que **te remontan a** la niñez.
(Continúa el día 301 / octubre 28)

❏ ❏ ❏ ❏ ❏ ❏

Day 119 / April 29 :
Attic

8. When you go into the attic, you have to **watch your head** because the beams **are so low.**
9. Also, the floor isn't very **sturdy.**
10. You're always afraid you're going to **fall through the floor** and into the garage below [directly underneath the attic].
11. You **sift through** a **stack of boxes.**
12. You decide what to **keep** [retain] and what to **throw away.**
13. There is so much stuff you're never going to use, but you keep it **for some unknown reason.**
14. Some of the boxes contain **memorabilia** (**e.g.,** your old high school **yearbooks** and some **invitations** from your **wedding**) **going back to** [dating back to] your childhood.

(Continued at Day 301 / Oct. 28)

❑ ❑ ❑ ❑ ❑ ❑

Día 120 / Abril 30 :
Transacción internacional de ventas
(Continúa del día 67 / marzo 8)

1. Una cadena de grandes almacenes hace un pedido.
2. El departamento de ventas envía por fax una factura indicando el precio por unidad y el precio total.
3. El comprador envía una confirmación.
4. La compañía de transporte terrestre transporta las mercancías al puerto de embarque.
5. El transportista descarga las mercancías en el muelle.
6. El conocimiento de embarque indica que la compañía naviera ha recibido el envío.
7. De acuerdo con los términos de la carta de crédito irrevocable, el vendedor no recibirá el pago hasta que el comprador confirme el recibo de la conformidad de la mercancía en el puerto de destino.

(Continúa el día 295 / octubre 22)

❑ ❑ ❑ ❑ ❑ ❑

Day 120 / April 30 :
International Sales Transaction
(Continued from Day 67 / Mar. 8)

1. A **department store chain places an order.**
2. The **sales department faxes** an **invoice stating** the **price per unit** and the **total price.**
3. The **buyer** sends a **confirmation.**
4. The **trucking company transports** the goods to the **port of embarkation.**
5. The **trucker unloads** the goods at the **dock.**
6. The **bill of lading reflects that** the **shipment** has been received by the **shipping company.**
7. **According to the terms [provisions] of** the **irrevocable letter of credit,** seller will not receive payment until buyer **confirms receipt** of **conforming goods** at the **port of destination.**

(Continued at Day 295 / Oct. 22)

❏ ❏ ❏ ❏ ❏ ❏